個性ハッケン!

―50人が語る長所・短所―

監修 田沼茂紀

3. 人を楽しませる

はじめに

あなたの個性《こせい》は、心の中にあります

みなさんは、自分の個性《こせい》について、考えたことがありますか。「自分には何の個性《こせい》もない」と卑屈《ひくつ》になったり、「自分の個性《こせい》を発揮《はっき》できる人はいいな」とうらやんだり、だれしも自分の「個性《こせい》」について、考えなやんだことがあるのではないでしょうか。

あなたの個性《こせい》は、ほかの人にどう映《うつ》っているのでしょう。あなたの個《こ》性《せい》は、他人からは見えているのでしょうか。

大丈夫《だいじょうぶ》。個性《こせい》のない人などいません。あなたがあなた自身である限《かぎ》り、個性《こせい》はしっかりとあなたの心の中にあり、それはいつでも輝《かがや》いています。ただ、あなた自身が、その個性《こせい》に気づいているかどうか、それが問題です。

個性《こせい》は、形あるものとちがって、目で確《たし》かめることも、手でつかむことも、ほかの人に自信《じしん》を持って説明《せつめい》することもできません。それでも、個性《こせい》はまちがいなく人それぞれにあります。

大切なことは、それに気づき、大切に育み、大きく開花させようとする心を、自分自身が持っているかどうかです。

明日の未来《みらい》を「かけがえのない尊在《そんざい》」として生きるみなさん、どうぞ、自分の中にある「個《こ》性《せい》」を大切に育ててほしいと願《ねが》っています。

國學院大學教授《こくがくいんだいがくきょうじゅ》
田沼茂紀《たぬましげき》

この本の見方・使い方

この本では、登場する人物の長所と短所を、仕事や生き方とともに紹介《しょうかい》しています。シリーズ全体で 50 人が、同じテーマについて語っているので、読むことで多様な考え方に触《ふ》れられます。

長所・短所

登場する人物がインタビューで語った自分の長所・短所が、ひとめでわかります。

プロフィール

その人がどんな人物なのか、くわしい紹介《しょうかい》を読んでみましょう。

話してハッケン!

インタビューをもとに、キャラクターが自分や友達《ともだち》のことを考える話し合いを展開《てんかい》します。

見てみよう! 聴《き》いてみよう! など

登場する人物に関《かん》する DVD《ディーブイディー》や CD《シーディー》などを紹介《しょうかい》しています。

みなさんへ

登場する人物から、みなさんへのメッセージです。

他人《ひと》から見ると!?

登場する人物が、身近な人からどんな性格《せいかく》だと思われているのか、紹介《しょうかい》しています。

性格《せいかく》や特徴《とくちょう》を表す言葉・表現《ひょうげん》!

46 ～ 47 ページは、性格《せいかく》や長所・短所を表す言葉の一覧《いちらん》です。1 ～ 5 巻《かん》に、五《ご》十音順《じゅうおんじゅん》で約《やく》 1000 語を掲載《けいさい》しています。

※46～47ページは、自由にコピーしてお使いいただけます。

個性ハッケン！
―― 50人が語る長所・短所 ――
3.人を楽しませる
もくじ

三《み》ツ《つ》橋《はし》敬《けい》子《こ》さん
指揮者《しきしゃ》
長所　最後《さいご》までがんばる
短所　途中《とちゅう》で引けない
➡14ページ

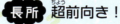

ヒャダインさん
音楽クリエイター
長所　超《ちょう》前向き！
短所　忘《わす》れっぽい、冷《つめ》たい
➡6ページ

荒《あ》木《らき》哲《てつ》郎《ろう》さん
アニメーション監督《かんとく》
長所　絵が上手、用心深い
短所　心配性《しんぱいしょう》、話しかけるのが苦手
➡18ページ

末《すえ》次《つぐ》由《ゆ》紀《き》さん
マンガ家
長所　落ちこむ時間が短い
短所　神経《しんけい》が図太い、鈍感《どんかん》
➡10ページ

ぺえさん
タレント
長所　「ゴーイング・マイ・ウェイ」
短所　後ろ向き
➡22ページ

津《つ》森《もり》千《ち》里《さと》さん

ファッションデザイナー

長所　好奇心《こうきしん》が旺盛《おうせい》、興味津々《きょうみしんしん》

短所　注意力が散漫《さんまん》

➡38ページ

大《おお》前《まえ》光《こう》市《いち》さん

ダンサー

長所　ひとつのことを深く考える

短所　やることがおそい

➡26ページ

日《ひ》野《の》之《これ》彦《ひこ》さん

画家

長所　絵をかくのが得意《とくい》

短所　人前だと緊張《きんちょう》する

➡42ページ

片《かた》桐《ぎり》はいりさん

俳優《はいゆう》

長所　人を笑《わら》わせる、おどろかす

短所　社交性《しゃこうせい》がない

➡30ページ

山《やま》口《ぐち》勝《かっ》平《ぺい》さん

声優《せいゆう》

長所　プラス思考、楽観的《らっかんてき》

短所　自信《じしん》が持てない、小心者

➡34ページ

音楽クリエイター

ヒャダインさん

長所　超《ちょう》前向き！

短所　忘《わす》れっぽい、冷《つめ》たい

「過去《かこ》より未来《みらい》よりいつでもいまが一番大事！」

「何とかなるさ」と前向きに考える

ぼくは、超《ちょう》がつくほど前向きで、あまりなやまないタイプです。音楽の道に進むときも、とくに不安《ふあん》はありませんでした。かといって、「絶対《ぜったい》に成功《せいこう》してやる」という夢《ゆめ》を持っていたわけではありません。興味《きょうみ》のある仕事が、それしか思いつかなかっただけ。むかしから、音楽が好《す》きだったから、「やってみたら、何とかなるさ」と思っていたのです。

そして実際《じっさい》、「何とかなる」と思いながら曲をつくり続《つづ》けていたら、みなさんの耳にも届《とど》くようになり、たくさん仕事をもらえるようにもなった。不《ふ》安定《あんてい》な仕事でも続《つづ》けてこられたのは、前向きだからだと思っています。

もちろん、仕事で壁《かべ》にぶち当たることもあります。そんなときは、意識的《いしきてき》になやむ時間をつくらないようにしています。何か問題があったら、とりあえず一晩《ひとばん》寝《ね》て、翌朝《よくあさ》考えるのです。

すると、夜は大問題だと思っていたことが、翌朝《よくあさ》考えてみると、案外《あんがい》大した問題ではなかったりします。ぼくはこれを、「ドラゴンクエストの宿屋《やどや》方式」と呼《よ》んでいます。『ドラゴンクエスト』というゲームの中で、宿屋《やどや》に一《ひと》晩《ばん》とまると、キャラクターの体力がすべて回復《かいふく》するのですが、それと同じことです。

冷《つめ》たい人間に見られても過去《かこ》よりいまを大事にする

これは短所でもあるのですが、ぼくはとても忘《わす》れっぽい。いやなことも、よいことも、すぐに忘《わす》れちゃうのです。あまり過去《かこ》に興味《きょうみ》がない、というのが理由かも。むかしをなつかしんだり、思い出を大切にしたりすることはありません。まわりから見ると、冷《つめ》たい人間だと思われるかもしれませんね。

プロフィール

1980年大阪府《おおさかふ》生まれ。本名は「前山田健一《まえやまだけんいち》」。ももいろクローバーZ《ゼット》、私立恵比寿中学《しりつえびすちゅうがく》、ゆずなど、多くのミュージシャンの作詞《さくし》・作曲・編《へん》曲《きょく》を手がける。NHK《エヌエイチケイ》Eテレ「#ジューダイ」やテレビ東京「ポケモンの家あつまる?」など、テレビ番組でも活躍《かつやく》している。

©NHK

NHK《エヌエイチケイ》Eテレ「#ジューダイ」で2017年から司会《しかい》・進行を務《つと》めるヒャダインさん。「#ジューダイ」は、10代が主役の新キャラクター発掘《はっくつ》ロケ番組。ジューダイの情熱《じょうねつ》、汗《あせ》、涙《なみだ》、おもしろそうなこと、ゆるい感じまで、ジューダイの素顔《すがお》にトコトン触れ、その本音を聞き出す。

思い出の品も、どんどん捨《す》てます。音楽でもらった賞状《しょうじょう》やトロフィーも、捨《す》てないけれど、かざりもしない。だって、過去《かこ》にもらった賞《しょう》は過去《かこ》のもの。それを自慢《じまん》げに部屋にかざっているのは、「あのときの自分はすごかったんだよ。いまはイマイチだけどね」と言っているような気がして、かっこ悪いと思ってしまうのです。

　大事なのは、過去《かこ》よりいま。いま現《げん》在《ざい》が、「一番いい自分」でいたいのです。だから、冷《つめ》たいと思われても、過《か》去《こ》はどんどん捨《す》てて大丈夫《だいじょうぶ》。目の前にあることを一生懸命《いっしょうけんめい》やっていれば、何とかなるんですよ。だからぼくは、いまも超《ちょう》楽しい！

変化《へんか》はチャンス！ 短所ものちのち役に立つ

曲づくりというのは、ものすごくやり直しが多いもの。自分が気に入っているメロディーに限《かぎ》って、ダメ出しされたりもします。でも、気に入った部分も、直したほうが、結局《けっきょく》はよい曲になっている。だから、ぼくは捨《す》てることや、変化《へんか》することをおそれません。変化《へんか》した後は、ほとんどの場合、よい方向へ進むのだから、新しくよいものがつくれるチャンスだと考えています。

　変化《へんか》や失《うしな》うことをおそれないのは、人づきあいも同じです。ぼくは、あまり人との縁《えん》を大切にしていなくて、必《ひつ》要以上《よういじょう》に深いつきあいをしないようにしています。たとえば、仕事している間《あいだ》はスタッフと協力《きょうりょく》するし、いっしょに楽しむけれど、その仕事が終わったら、すぐに「じゃあ、さよなら！」という感じです。

「『何とかなるさ』と思って前向きに続《つづ》ければ、本当に何とかなるよ！」と語るヒャダインさん。

他人《ひと》から見ると!?

A《エイ》さん（ヒャダインさんのマネージャー）

ヒャダインさんは、新しいジャンルの仕事でも、意《い》欲的《よくてき》に取り組める、対応力《たいおうりょく》のある人です。仕事も考え方も、年々《ねんねん》、壁《かべ》がなくなっている気がします。だから、やったことのない子ども向けの番組でも、本気で楽しめてしまうのでしょうね。不安《ふあん》を感じるよりも、「ぼくに何ができるかな、どうしたらおもしろくなるのかな」ということを考えているのだと思います。

ぼくは、むかしから人づきあいや集《しゅう》団《だん》行動が、大の苦手。小学生のときは、音楽の発表会でリーダーを務《つと》めたけれど、イメージ通りにいかないということがありました。

そのとき、ぼくは、「みんなをまとめよう」とは思わずに、「一人で音楽つくったほうが早い」と、シンセサイザー※という楽器《がっき》で、曲づくりを始めました。人と向き合うのが苦手で始めたことだけれど、そのおかげで、音楽づくりの基本《きほん》を理解《りかい》できました。それがいまにもつながっています。

だから、一見短所に思えることだって、どう変化《へんか》するかわからないと、ぼくは思っています。

いじめられたのがきっかけで自分を客観的《きゃっかんてき》に見るように

自分で言うのも何ですが、ぼくは成《せい》績《せき》のよい子どもでした。それを鼻にかけて、まわりの子たちをバカにしていたら、ちょっとしたいじめにあいました。いじめは悪いことだけど、「ぼくみたいな奴《やつ》は、確《たし》かにムカつく」と、すごく納得《なっとく》しました。それからは、まわりから見た自分を意識《いしき》するようになりました。自分以外《いがい》の視点《してん》でものごとを見る「客観視《きゃっかんし》」は、とても大事なことですね。

この本を読んでいるみなさんに長所を聞いたら、なりたい自分を答えたり、「優《やさ》しい」「明るい」といった、よいイメージを自分に当てはめようとしたりするのではないでしょうか。

でも、理想の自分をつくると、ちがう自分が出てきたときにつらくなります。優《やさ》しくなくても、明るくなくても大丈夫《だいじょうぶ》。冷《つめ》たい人間のぼくだって、音楽の仕事を続《つづ》けています。理想にとらわれず、客観視《きゃっかんし》してみると、短所も長所だったりすることがありますよ。

※シンセサイザー……鍵盤《けんばん》によって、さまざまな人工音を出す電子楽器《がっき》。

話してハッケン!

いやだな、合唱《がっしょう》コンクール。ソラくんは、歌が上手でいいね。

ぼくは声が大きいだけ。トモくんの高音はきれいだよ。

そうかなあ。みんなみたいにもっと低《ひく》い声が出せたらいいのに。

トモくんらしい、いい声だよ。合《がっ》唱《しょう》を楽しもうよ!

聴《き》いてみよう!

『桃《もも》も十《じゅう》、番茶《ばんちゃ》も出花《でばな》』

2018年に発売された、ももいろクローバーZ《ゼット》のベストアルバム。ヒャダインさん作曲の「行くぜっ!怪盗《かいとう》少女」「Z伝説《ゼットでんせつ》~終わりなき革命《かくめい》~」などが収録《しゅうろく》されている。

キングレコード/KICS-93700~2

ヒャダインさんからみなさんへ

世の中がどう変《か》わるかなんてわからないから、大きな夢《ゆめ》だって見たほうがいい。「わたしができることは? 足りないことは?」と、自分を客観的《きゃっかんてき》に見れば、進む道も見えてくるよ。

マンガ家

末《すえ》次《つぐ》由《ゆ》紀《き》さん

©末次由紀／講談社

長所　落ちこむ時間が短い

短所　神経《しんけい》が図太い、鈍感《どんかん》

「登場人物にはわたしの個性《こせい》がつまっている」

マンガ家でいられるのは短所のおかげ

わたしは二〇〇七年から、月に二回発行されるマンガ雑誌《ざっし》に『ちはやふる』というマンガを連載《れんさい》しています。競技《きょうぎ》かるたに青春を懸《か》ける、千早《ちはや》という女の子が主人公の物語です。連載《れんさい》でマンガをかけるって、本当に楽しくて幸せなことだと感じながら取り組んでいます。

このようにマンガをかき続《つづ》けていられるのは、わたしに「神経《しんけい》が図太い」という短所があるおかげかなと思っています。神経《しんけい》が図太いとは、「鈍感《どんかん》」と言いかえられるでしょうか。

自分の鈍感《どんかん》さは、子どものころから感じていました。まわりの人が気づいていることを、わたしだけ気づいていなかったり、まわりがわたしに対して思っていることに、感づいていなかったりしていたからです。

マンガ家にとって、読者の人気や世間の評判《ひょうばん》に敏感《びんかん》であることは大事なことだと思います。でもわたしの場合、そうしたことはあまり気にしていません。マンガの展開《てんかい》でなやむときも、「わたしの信《しん》じるおもしろさはこれだ！」と、図太く自分を肯定《こうてい》しています。

図太さや鈍感《どんかん》さは、人づきあいの点では短所なのでしょうが、マンガ家の仕事にとっては、そうでもありません。必要以上《ひつよういじょう》に傷《きず》つくことから守ってくれる、ありがたい性格《せいかく》なのです。『ちはやふる』の主人公である千早《ちはや》の、まわりの見えていない性格《せいかく》は、わたしの図太さ、鈍感《どんかん》さの表れと見ていいでしょう。

考え続《つづ》けることでよりおもしろくできる

マンガをつくる中で一番大事といえるのが、最初《さいしょ》の「ネーム」という工程《こうてい》です。ネームとは、話を考えてコマに

★プロフィール★

福岡県《ふくおかけん》生まれ。1992年、『なかよし増刊《ぞうかん》』（講談社《こうだんしゃ》）にて『太陽のロマンス』でマンガ家デビュー。2007年より、『ちはやふる』を『BE《ビー》・LOVE《ラブ》』（講談社《こうだんしゃ》）に連載中《れんさいちゅう》。2011年、同作品で第35回講談社漫画賞《こうだんしゃまんがしょう》少女部門を受賞《じゅしょう》している。

末次《すえつぐ》さんがかいた、自身の似顔絵《にがおえ》。

分け、鉛筆《えんぴつ》でおおまかな絵をかき、セリフを書きこむこと。そのネームを編集者《へんしゅうしゃ》に見せて、OK《オウケイ》になったら、ペンを入れて仕上げていきます。

もちろん仕上げの段階《だんかい》でも、よくなる方法《ほうほう》が見つかれば直しますが、ネームがちゃんとしていないと、よい作品は生まれません。『ちはやふる』は、長く続《つづ》いているマンガなので、わたしは話をおもしろくする責任《せきにん》を強く感じています。ネームづくりはきつい工程《こうてい》ですが、よい作品をつくるための、やりがいのある楽しい期間でもありますね。考え続《つづ》けた先に、よい内容《ないよう》になる瞬間《しゅんかん》があると信《しん》じているからです。

前向きな気持ちを多くの人に届《とど》けたい

わたしの長所は「前向きなところ」。落ちこむ時間が短いのです。

いくら神経《しんけい》が図太く、鈍感《どんかん》なわたしでも、うまくいかないことがあれば、気持ちはしずみます。そんなとき、わたしは運動をしています。

わたしは、心の負担《ふたん》となるようなストレスを、ある種《しゅ》の「エネルギー」だと思っています。わたしの心を攻撃《こうげき》してくる、わたし自身の中にあるエネルギーです。そこで、そのエネルギーが攻《せ》めてくる前に、運動で使い果《は》たしてしまおうというわけです。そうする

対戦《たいせん》相手の言葉には耳をかたむけず、かるたにだけ集中する千早《ちはや》。周囲《しゅうい》の声に左右されず、自分自身が「おもしろい」と思うマンガをかき続《つづ》ける末次《すえつぐ》さんの性格《せいかく》が反映《はんえい》されている。

（『ちはやふる』1巻より）

他人《ひと》から見ると!?

担当編集者《たんとうへんしゅうしゃ》・渡部里菜《わたなべりな》さん
（講談社《こうだんしゃ》『BE《ビー》・LOVE《ラブ》』編集部《へんしゅうぶ》）

末次《すえつぐ》さんは、マンガをおもしろく、よりよくするために全力をつくす、自分にきびしい方です。きついスケジュールの中、ベストに向かっていつも挑戦《ちょうせん》をされています。ご自身を「鈍感《どんかん》」とおっしゃっていますが、いつもまわりの人に気づかいを欠《か》かさない、すてきな方です！

と、いやなことはさっぱり忘《わす》れて、前に進むことができます。

この前向きさが、わたしのすべての原動力です。これなしに、わたしの仕事は成《な》り立ちません。そして、この長所を、わたしは自分の作品のパワーにしたいとも思っています。作品を通じて、一人でも多くの人に、元気で明るい、前向きな気持ちを届《とど》けられたら、とてもうれしいですね。

個性的《こせいてき》に見えるのは内面を見つめているから

最近《さいきん》、「個性《こせい》」という言葉を耳にします。「個性《こせい》を大事に」などと言われる一方で、「あの人は個性的《こせいてき》」という言い方は、「あの人はちょっと変《か》わっている」という、どちらかというとよくない意味で使われているように思います。

マンガ家にも個性的《こせいてき》と言われる人は、少なくありません。マンガ家は、会社で働《はたら》く人のような組織《そしき》の一員ではないため、まわりを見るよりは、自分自身の内面を見つめ、自分の心の世界を育てることが多くなります。

内面に集中すると、自分がまわりからどう見られているか、あまり気にしなくなるので、そうした姿《すがた》が、まわりからは個性的《こせいてき》に見えているのかもしれません。

わたしの場合、鈍感《どんかん》を自覚《じかく》しているので、自然《しぜん》と言葉を大事にするようになりました。空気を読むとか、表情《ひょうじょう》を見るとか、そういったあいまいなものではなく、言葉は相手に届《とど》く確《たし》かなものです。だから、あいまいではなく、きちんと気持ちが伝《つた》わるようにしたいのです。

これからも、そんな自分の個性《こせい》とつきあいながら、マンガに全力をつくしたいと思います。

話してハッケン！

ユイ：ママにね、変《へん》な服を選《えら》ばないでって、言われるの。

ソラ：そう？　ぼくはユイちゃんのことおしゃれだと思うよ。

ユイ：ほんと？　うれしい！　もう、ママの意見なんて気にしない！

アキ：ユイちゃんが思う"かわいい"に自信《じしん》を持って！

読んでみよう！

『ちはやふる』

競技《きょうぎ》かるたの世界一（クイーン）をめざす、少女・千早《ちはや》の青春ストーリー。

末次由紀著／講談社

末次《すえつぐ》さんからみなさんへ

なりたい自分を細かくイメージしてみてください。わたしは「姿勢《しせい》がよく、だれも見ていなくても目に光があり、いつも笑《わら》っていて、約束《やくそく》を守る」という人にあこがれていて、そのイメージが自分を引っ張《ぱ》ってくれています。長所・短所はなかなか変《か》えられません。でも、なりたい自分が見えてきたら、それが自分をみがいてくれると思います。

指揮者《しきしゃ》

三《み》ツ《つ》橋《はし》敬《けい》子《こ》さん

長所　最後《さいご》までがんばる

短所　途中《とちゅう》で引けない

「人の気持ちに寄《よ》り添《そ》う音楽の力を信《しん》じたい」

一度始めたら あきらめるのがいや

わたしは、五歳《さい》のときに音楽教室に入って、ピアノや作曲、ソルフェージュ（音楽の基礎訓練《きそくんれん》）を習い始めました。ほとんどの子どもと同じように、わたしも練習がきらいでした。「練習がきらいなら、やめればいいじゃない」と親は言いますが、そう言われてしまうと、逆《ぎゃく》に「絶対《ぜったい》にやめない」とがんばり続《つづ》けるのです。一度始めたら、あきらめるのがいやで、最後《さいご》までがんばり続《つづ》ける。これは、わたしの長所です。

言葉の壁《かべ》をこえて 気持ちがつながった

小学生のころは、とにかく「何でもやりたい」という子どもでした。学芸《がくげい》会《かい》の劇《げき》の重要《じゅうよう》な役もやりたいし、音楽のクラブの指揮者《しきしゃ》もやりたい。走るのは得意《とくい》ではなかったのに、運動会のリレーの選手《せんしゅ》もやりたい。いろいろなことに興味《きょうみ》を持つというのは、わたしのもうひとつの長所です。

中学三年生のとき、音楽教室の海外演奏会《えんそうかい》で、イスラエルという国へ行き、当時の首相《しゅしょう》・ラビン※1氏《し》の前で、たった四つの音を使って即興演奏《そっきょうえんそう》するという機会《きかい》がありました。すると、首相夫妻《しゅしょうふさい》がとても喜《よろこ》んでくれ、「音楽って何てすばらしいのだろう」と思いました。言葉の壁《かべ》をこえて、音楽で気持ちがつながる体験《たいけん》をしたのです。

ところが、お会いした四日後、ラビン首相《しゅしょう》は暗殺《あんさつ》されてしまいました。平和に貢献《こうけん》してきた方の命が、一瞬《いっしゅん》にして散《ち》ってしまったのです。わたしはそれまで、正義感《せいぎかん》から検察官《けんさつかん》※2になりたいと思っていましたが、正義《せいぎ》や法律《ほうりつ》とは

プロフィール

1980年東京都《とうきょうと》生まれ。東京藝術大学大学院《とうきょうげいじゅつだいがくだいがくいん》を卒業《そつぎょう》。ウィーン国立音楽大学と、キジアーナ音楽院に留学《りゅうがく》。2010年、第9回アルトゥーロ・トスカニーニ国際指揮者《こくさいしきしゃ》コンクールで準優勝《じゅんゆうしょう》。女性初《じょせいはつ》の受賞者《じゅしょうしゃ》となる。国内外の演奏会《えんそうかい》で指揮《しき》をし、好評《こうひょう》を得《え》る。子どもたちに音楽体験《たいけん》をしてもらうイベントなどにも、積極的《せっきょくてき》に取り組んでいる。

2017年7月の演奏会《えんそうかい》「平日の午後のコンサート」で指揮《しき》を務《つと》めた公演後《こうえんご》に、胸《むね》に手をあててあいさつをする三ツ橋《みつはし》さん（写真中央）。

©上野隆文　提供：東京フィルハーモニー交響楽団

※1 イツハク・ラビン……イスラエルの第6代、第11代首相《しゅしょう》。アラブ国家との和平を進め、1994年にノーベル平和賞《へいわしょう》を受賞《じゅしょう》。翌年《よくねん》、反対派《はんたいは》に銃《じゅう》で撃《う》たれて殺害《さつがい》される。

※2 検察官《けんさつかん》……事件《じけん》が起きたときに、警察《けいさつ》の捜査《そうさ》をもとに、疑《うたが》われている人物が本当に罪《つみ》を犯《おか》したのかを確《たし》かめて、裁判《さいばん》にかけるかどうかを決める職業《しょくぎょう》。

一体何なのだろうと、自分の考えが根《こん》底《てい》からくつがえされてしまいました。

　自分の人生を何にささげればいいのかと考えたとき、ラビン夫妻《ふさい》と「音楽で気持ちがつながった」瞬間《しゅんかん》を思い出しました。音楽で人の命を救《すく》うことはできないけれど、人の気持ちに寄《よ》り添《そ》うことはできるのではないか。「音楽の力を信《しん》じたい」。そう思い、わたしは、音楽家をめざしたのです。

　そのとき、いろいろなことに興味《きょうみ》があるという長所がいきました。わたしは、ピアノだけでなく、合唱団《がっしょうだん》やブラ※スバンドなど、いろいろな形で音楽と接《せっ》していたのです。とくに「人とコミュニケーションしながら音楽をしたい」との思いもあり、指揮者《しきしゃ》という仕事に強く魅《ひ》かれていきました。

「指揮者《しきしゃ》は全体を見通すことが必要《ひつよう》です。自分一人で完結《かんけつ》してはいけないのです」と語る三《み》ツ橋《はし》さん。

得意《とくい》ではないと思ってもまずはやってみる

　音楽教室で学び続《つづ》けたことは、自分自身に変化《へんか》をもたらしました。わたしはもともと、何でもやりたがる子どもでしたが、小学校高学年ころからは、客観的《きゃっかんてき》に「自分にできること」を、見つけるようにもなっていたのです。なぜそうなったかというと、音楽教室には優秀《ゆうしゅう》な同世代の子たちがいました。いくらがんばってもかなわない、「それなら自分に何ができるか」と考えるようになったのです。

　では、指揮者《しきしゃ》となって、「自分が何ができるか」を考えて、得意《とくい》なレパートリーだけを演奏会《えんそうかい》でやっているかというと、そうではありません。わたしは、指揮者《しきしゃ》としてはまだ「若手《わかて》」と言われる段階《だんかい》。自分が絶対《ぜったい》に自信《じしん》を持ってい

2017年7月の演奏会《えんそうかい》「平日の午後のコンサート」で指揮《しき》をする三《み》ツ橋《はし》さん。

※ブラスバンド……トランペットなどの金管楽器《きんかんがっき》と、木琴《もっきん》などの打楽器《だがっき》のみで演奏《えんそう》する楽団《がくだん》。

るレパートリーだけではなく、できる限《かぎ》りレパートリーを広げたいと考えています。

　どんな曲でも、拒否《きょひ》せずにやってみる。自分が得意《とくい》ではないと思っていても、まわりから、「それ合ってるよ」と言われることもあります。「まずはやってみる」というのは、大切なことだと思います。

がんばると決めたら引きどころがわからない

　わたしは、最後《さいご》までがんばり通すことをいつも目標《もくひょう》にしていますが、逆《ぎゃく》に、引きどころがわからなくなってしまうことがあります。指揮者《しきしゃ》になってからも、自分で高いハードルを設定《せってい》して、「ここまでやらなきゃ」と思うあまり、途中《とちゅう》で「まあいいか」と、引くことができなくなるのです。それでストレスをかかえ、自分を追い詰《つ》めてしまうこともあります。

　学生時代に作曲を習っていた先生にも、「自分に課題《かだい》をつくりすぎ」と、よく言われたものです。これは、わたしも自覚《じかく》している弱点。こだわるところは、納得《なっとく》がいくまでこだわって、決してゆずらないのです。

全体を見通すことを指揮者《しきしゃ》として学んだ

　指揮者《しきしゃ》は、人の前に立つ仕事なので、自分一人で完結《かんけつ》してはいけません。自分を追い詰《つ》めて、コンディションが悪くなっても、その中でベストを尽《つ》くす。わたしがどうかではなく、演奏者《えんそうしゃ》やお客さんなどを含《ふく》めた演奏会《えんそうかい》全体がどうなるかを、考えなくてはいけません。

　全体を見ることは、指揮者《しきしゃ》になって学ぶようになったこと。これからもこだわりは捨《す》てずに、でも頑固《がんこ》すぎず、おだやかに生きていけたらいいですね。

話してハッケン！

トモ：自分を、客観的《きゃっかんてき》に見たことってある？

ユイ：ない！　でも、三ツ橋《みつはし》さんの話を読んで、思うところがあったの。

トモ：何？　どんなこと？

ユイ：わたしね、バスケで苦手なスリーポイントシュートを猛練習《もうれんしゅう》する！　チームをもっと強くしたいんだ。

トモ：すごい！　どうしてそんなにがんばれるの？

ユイ：チームが負けるたびに、もっとうまくなりたいって思うから！

三ツ橋《みつはし》さんからみなさんへ

一人ひとりがちがうのは、当然《とうぜん》です。それを、よいことだと思ってほしいですね。人と同じことができなくても、あなたにはできることがあるかもしれませんよ。人とちがうところから、何かが生まれてくるんだと思います。

アニメーション監督《かんとく》

荒《あら》木《き》哲《てつ》郎《ろう》さん

長所 絵が上手、用心深い

短所 心配性《しんぱいしょう》、話しかけるのが苦手

「好《す》きなことをただひたすら続《つづ》けよう」

絵をほめられたことがいまの仕事につながった

ぼくの長所は「絵がうまいこと」といえるでしょうか。特技《とくぎ》も長所のひとつだと思っています。幼《おさな》いころから絵が好《す》きで、よくかいていました。それを親や先生、友達《ともだち》が、すごくほめてくれたのです。自分としては、姉のほうがうまいと思っていたのですが、まわりからはほめてもらえました。

そのおかげで、ぼくは絵をずっとかき続《つづ》けることができました。その結果《けっか》、いつの間《ま》にか人並《ひとな》みよりはうまくなったのでしょう。アニメの世界へも入ることができました。

いまは、アニメーション監督《かんとく》という立場なので、絵はスタッフにかいてもらい、自分ではかきません。でも、「いざというときは自分もかける」という自信《じしん》が、仕事を進める上での安心感につながっています。

小さな努力《どりょく》の積《つ》み重ねが大きな感動をよぶ

ぼくの仕事は、大勢《おおぜい》のスタッフの力を結集《けっしゅう》して、見た人の「心を動かす」アニメをつくり上げることです。

ぼくは、一人ひとりのスタッフが生み出した、小さな「心のふるえ」が足し算されて、大きな感動をよぶのだと思っています。だからこそ、やりがいがあります。心のふるえをいまより多くつくる、ふるえの針《はり》のふれ幅《はば》を大きくする、そうした努力《どりょく》は、形となって作品にあらわれるからです。

人の心を動かすアニメには、理由があります。偶然《ぐうぜん》にはできません。ぼくはそう思っています。

失恋《しつれん》がきっかけで能天気《のうてんき》な子が心配性《しんぱいしょう》に

ぼくの短所は、「心配性《しんぱいしょう》」であることです。何事につけ、つい悪いことば

★プロフィール★

1976年埼玉県《さいたまけん》生まれ。おもにテレビアニメの絵コンテ※1や演出《えんしゅつ》※2などで活躍《かつやく》し、2006年に監督《かんとく》を務《つと》めた『DEATH NOTE《デスノート》』が高く評価《ひょうか》される。以降《いこう》、『進撃《しんげき》の巨人《きょじん》』や『甲鉄城《こうてつじょう》のカバネリ』など、監督《かんとく》作品から多くのヒット作が生まれている。

荒木《あらき》さんが監督《かんとく》の『甲鉄城《こうてつじょう》のカバネリ』のキービジュアルイラスト。テレビアニメの続編《ぞくへん》となる劇場中編《げきじょうちゅうへん》アニメーションを制作中《せいさくちゅう》。

※1 絵コンテ……場面の展開《てんかい》を絵でかき、どのような映像《えいぞう》になるかをたどれるようにしたもの。
※2 演出《えんしゅつ》……脚本《きゃくほん》や絵、声、音楽など、アニメーションをつくる要素《ようそ》をまとめること。

かり想像《そうぞう》してしまいます。

でも、小さいころは、能天気《のうてんき》な子でした。さわぐのが好《す》きで、友達《ともだち》を笑《わら》わせるおどけ者だったのです。それなのに、なぜ変《か》わったのか。転機《てんき》は、思春期の失恋《しつれん》でした。片思《かたおも》いをしていた女の子にフラれたのです。そのときに言われたひとことで、とても落ちこみました。以来《いらい》、願《ねが》いはかなわないものだと考えるようになり、自分が傷《きず》つかないように、つねに最悪《さいあく》のことを想像《そうぞう》するようになりました。

心配性《しんぱいしょう》の性格《せいかく》が仕事ではいかされている

毎週放映《ほうえい》されるテレビアニメは、多くの場合、週《しゅう》ごとに演出担当者《えんしゅつたんとうしゃ》がいて、これは「各話演出《かくわえんしゅつ》」とよばれます。

二十代のころ、ぼくはいろいろなテレビアニメの各話《かくわ》演出《えんしゅつ》を担当《たんとう》させてもらっていたのですが、自分の演出《えんしゅつ》で仕上がった作品を見て、ショックを受けました。別《べつ》の週にほかの人が演出《えんしゅつ》した作品とくらべて、あまりにもひどいできばえだったのです。情《なさ》けなくて、みんながいる前で声を上げて泣《な》きました。

その後、ぼくは自分の作品のどこがいけなかったのか、とことん考えました。そして、次の各話演出《かくわえんしゅつ》のとき、同じ失敗《しっぱい》をくり返さないように取り組みました。心配性《しんぱいしょう》なので、その用心深さは徹底《てってい》していたと思います。

ぼくは、このとき気がつきました。自分の「心配性《しんぱいしょう》」という短所は、「用心深い」という長所として仕事にいかせるのだと。

以後《いご》の作品づくりには、点検《てんけん》に点検《てんけん》を重ねました。考えられる悪い要素《ようそ》は改善《かいぜん》し、最悪《さいあく》の事態《じたい》を想定して手を打つようにしたのです。その結果《けっか》、作品

用心深い性格《せいかく》のため、仕事では、つい言葉がきびしくなってしまうという荒木《あらき》さん。

他人《ひと》から見ると!?

仕事仲間《なかま》・中武哲也《なかたけてつや》さん
（株式会社《かぶしきがいしゃ》ウィットスタジオ 取締役《とりしまりやく》）

荒木《あらき》さんは、自分が職場《しょくば》の雰囲気《ふんいき》を悪くしていないか、いつも気にしています。確《たし》かに、「監督《かんとく》におこられたらどうしよう」と、とても気にしているスタッフもいますが、それは荒木《あらき》さんが高いレベルの作品をめざしていることが伝《つた》わっているからです。これからも荒木《あらき》さんといっしょに、いい作品を生み出していきたいですね。

はよいほうへ向かい、まわりから評価《ひょうか》されるまでになりました。

心配性《しんぱいしょう》のせいで 人に話しかけるのも苦手

監督《かんとく》という立場上、ぼくはスタッフに自分が望《のぞ》むことを伝《つた》えなければなりません。そうした話は、会議《かいぎ》の席上《せきじょう》で、大勢《おおぜい》に向けて話すよりも、日常《にちじょう》のちょっとした会話で、一対一で言うほうがよく伝《つた》わるものです。

ところが、ぼくは人に話しかけるのが苦手です。これも心配性《しんぱいしょう》という短所のせいかもしれません。言いにくい話なら、なおさらです。この性格《せいかく》のせいで、ぼくは、かえってスタッフに気をつかわせてしまっているかもしれません。でも、「自分は人づきあいにも用心深い」くらいに考え、そんな自分を受け入れて、「いまはうまく話せる自《じ》信《しん》がない」と感じたときは、時間をおいてから話しかけるようにしています。

めざすレベルには まだまだ到達《とうたつ》していない

絵をかくのが好《す》きで、それを続《つづ》けた先にあったのがいまの仕事ですが、まわりが自分に求《もと》めているものは、必《かなら》ずしも自分のやりたいものとは限《かぎ》らないこともあります。でも、自分にやってほしいと世間が求《もと》めているのであれば、それは自分に向いていることなのかもしれません。

ぼくには目標《もくひょう》にしている作品のレベルがあります。本当はもっと早くに到《とう》達《たつ》するつもりだったのに、「まだ自分はここ?」というのが実感です。だから、目標達成《もくひょうたっせい》までは、まだまだ長い道のりです。自分の本当にやりたいことを確認《かくにん》しながら、これからも人の心を動かせるアニメをつくれるように、力をつくしたいと思います。

話してハッケン!

ユイ「特技《とくぎ》も長所」って考えるのっていいね。

アキ　わたし、あんまり得意《とくい》なことってないなあ。

ユイ　手芸《しゅげい》は? この前つくってくれたシュシュ、すごくかわいかったよ。

アキ　手芸《しゅげい》は大好《だいす》き! あっ、わたしの特技《とくぎ》、ひとつ見つかった!

見てみよう!

『進撃《しんげき》の巨人《きょじん》』

諫山創《いさやまはじめ》さん作のマンガ『進撃《しんげき》の巨人《きょじん》』をテレビアニメ化した作品。巨人《きょじん》に支配《しはい》された世界でくり広げられる、人類《じんるい》と巨人《きょじん》の戦《たたか》いがえがかれる。

テレビアニメ『進撃の巨人』Season1 Blu-ray/DVD/ポニーキャニオン

荒木《あらき》さんからみなさんへ

好《す》きなことは続《つづ》けてみよう。好《す》きで、しかもだれかがほめてくれるものなら、なおいいね。ぼくはそれが「絵」でした。ただ続《つづ》けさえすればいいんだ! やめなければ、それだけでいつか高い場所へ立つことができるよ。

タレント

ぺえさん

長所 「ゴーイング・マイ・ウェイ」

（「我《わ》が道を行く」という意味）

短所 後ろ向き

「本当は後ろ向きだからこそ前向きにがんばれる」

自分勝手でも自己中心《じこちゅうしん》でもなく「ゴーイング・マイ・ウェイ」

わたしは、人の意見を聞いて自分の進む道を変《か》えたことがありません。自分が「これだ！」と思う方向に、進んできただけ。洋服店のショップ店員になったのも、直感でした。

ショップ店員になる前は、ずっと部活動のバレーボールに打ちこんでいました。だから、突然《とつぜん》、「原宿のおしゃれショップで働《はたら》きたい」と言いだしたときは、まわりはかなりおどろいていました。それまでは、いつもT《ティー》シャツに短パン、坊主頭《ぼうずあたま》の部活少年で、ファッションとは、かけはなれた生活でした。

でも、まわりに何か言われても、わたしは、自分が「好《す》き」と思えることでしか、がんばれないタイプなのです。もし、大反対されていたとしても、無《む》視してつき進んでいたと思います。

自分勝手で自己中心的《じこちゅうしんてき》なのでしょうね。でも、わたしはそれを、短所だとは言いません。あえて、「ゴーイング・マイ・ウェイ（我《わ》が道を行く）」と言いかえています。こう言えば、短所だって長所になる。だって実際《じっさい》に、わたしは「ゴーイング・マイ・ウェイ」で、ショップ店員という、本気になれる道を見つけたのだから。

本気で努力《どりょく》したから新しい道が開けた

好《す》きなことしかやらない、というわたしですが、やると決めたら、つらくてもがんばります。好《す》きだから、より努力《どりょく》できるのです。

もともと、おしゃれの知識《ちしき》なんてまったくなかったので、ショップ店員になってから、かなり勉強しました。お客さんとも本気で向き合いました。そうしたら、いつの間《ま》にか「毒舌《どくぜつ》のカリスマ店員がいる」と注目されるようになったのです。もし、努力《どりょく》をしていなかっ

プロフィール

1992年山形県《やまがたけん》生まれ。東京の原宿にある洋服店「W♡C《ダブルシー》」のカリスマショップ店員。お客さんにこびない愛《あい》のある毒舌《どくぜつ》な接客《せっきゃく》で人気に。偶然《ぐうぜん》、テレビ取材《しゅざい》を受けたことがきっかけでタレントとして芸能《げいのう》界《かい》入り。本の出版《しゅっぱん》や音楽活動、テレビ出《しゅつ》演《えん》など幅広《はばひろ》く活躍《かつやく》している。

NHKE《エヌエイチケイイー》テレ「#ジューダイ」で2017年から司会《しかい》・進行を務《つと》めるぺえさん。「#ジューダイ」は、10代が主役の新キャラクター発掘《はっくつ》ロケ番組。ジューダイの情熱《じょうねつ》、汗《あせ》、涙《なみだ》、おもしろそうなこと、ゆるい感じまで、ジューダイの素顔《すがお》にトコトン触《ふ》れ、その本音を聞き出す。

たら、こうはならなかったと思います。ショップ店員の仕事に、本気で取り組んでいたからこそ、タレントという新しい道が開けたのです。

後ろ向きだからこそ前向きなことが言える

タレントの仕事をするようになったのは、たまたま出演《しゅつえん》したテレビ番組で、注目が集まったからです。わたしは、本当は、すごく後ろ向きな人間だから、自分が人前に出る、はなやかな仕事をしているなんて、いまでも信《しん》じられません。

「毒舌《どくぜつ》」というイメージから、好《す》きなことを話しているように思われますが、人の顔色や空気を読んで、言えないこともたくさんあるんですよ。前向きな発言もいっぱいしているけれど、そうした言葉って、後ろ向きな気分になっているときに出てくるもの。あえて前向きなことを言って、自分を盛《も》り上げているのです。

たとえば、SNS《エスエヌエス》※1にアップして、みんなに発信《はっしん》したら、「やるしかない!」と思えるでしょう。わたしのド派手《はで》な髪《かみ》や、メイクも同じ。こんな格好《かっこう》をしたら、もう後には引けません。

失敗《しっぱい》がこわいときは軽い気持ちで

本当は、人づきあいも苦手で、親しくない人に話しかけるなんて、はき気がするほどいやでした。でも、トークは、タレントの仕事で必要不可欠《ひつようふかけつ》。一《いち》時《じ》は、訓練《くんれん》だと思って、コミュニケーションをとっていました。訓練《くんれん》すると、できるようになるんですよね。そしてまた、新しい道も開けます。

だから、いまの子どもたちを見ていると、前にふみ出せない子が多くて、もどかしい。失敗《しっぱい》がこわいのはわかるけれど、そんなときこそ、前向きの精《せい》神《しん》を引っ張《ぱ》りだすの。「ダメだったらウケる〜」くらいの軽さも、ときには必要《ひつよう》です。やってみないことには、何も始まりません。

なやむより楽しむことを考える

わたしは男性《だんせい》で、自分と同じ男性《だんせい》が好《す》きなLGBT《エルジービーティー》です。わたしがLGB《エルジービー》T《ティー》だと気づいたのは、中学二年生のとき。最初《さいしょ》は、まわりの目が気になり、

「後ろ向きなので、しっかり準備《じゅんび》しないと不安《ふあん》」と語るぺえさん。

※1 SNS《エスエヌエス》……インスタグラムやツイッターなど、インターネット上で、友達《ともだち》を見つけたり、メッセージを送りあったりできるウェブサイトや、そのサービスのこと。
※2 LGBT《エルジービーティー》……恋愛対象《れんあいたいしょう》が、女性同士《じょせいどうし》、男性同士《だんせいどうし》、または男女両方の人や、生まれついた性別《せいべつ》と心の性別《せいべつ》が一致《いっち》しない人たちの総称《そうしょう》。

あまり知られたくありませんでした。
でも、当時つきあっていたカレは、みんなの前で、わたしのことが好《す》きだと、堂々《どうどう》と言ってしまうようなオープンな人だったのです。

カレが真剣《しんけん》に向き合ってくれたので、男女ではなくても、愛《あい》ってあるのだなと納得《なっとく》できた。それがきっかけで、自分の状況《じょうきょう》を「どうしよう」となやむのではなく、「どうしたら楽しめるかな」と、プラスに考えられるようになりました。

「やりたいことが見つからない」と言う人も多くいますが、本当に好《す》きなことがない人なんていないんです。たとえば、「ゲームが好《す》き」と思ったら、つき進めばいい。

「好《す》き」な気持ちをごまかして、逃《に》げてしまうという人に、伝《つた》えたいことがあります。もちろん、好《す》きなことをつらぬくには、覚悟《かくご》も努力《どりょく》も必要《ひつよう》ですから、不安《ふあん》に感じる気持ちはわかります。でも、一歩をふみ出せれば、二歩目、三歩目は案外簡単《あんがいかんたん》に出るものです。自分をごまかして何もしないより、よっぽどいいですよ。

だから、好《す》きなことには、まず胸《むね》を張《は》って、「好《す》き」と言ってほしい。それが認《みと》めてもらえる世の中でもあってほしいと、わたしは思います。

新しい自分は自分でしか見つけられない

わたしも、タレントとしては、まだまだだと思っているので、いろいろなことを見て、経験《けいけん》して、自分の「好《す》き」をもっと探《さが》していきたいと思っています。きっと、まだ気づいていないことだってあるはず。それには、自分の直感を信《しん》じて、見つけていかないと。待っていても、まわりの人は、絶対《ぜったい》に見つけてくれませんからね。

話してハッケン!

アキ
トモくんって、料理《りょうり》好《す》きだよね?
えっ! どうしてわかったの? 言ったことないのに。
トモ
実習のとき、すごく上手だったし、おいしかったもん。
うれしい! じつはね、家族のお弁当《べんとう》、ぼくがつくっているんだよ。

読んでみよう!

『ぺえ語 ~原宿発! 明日を変《か》えるポジティブメッセージ~』

「『ありがとう』を口癖《くちぐせ》にしよう。」など、ぺえさんが体験《たいけん》したり感じたりしたことをまとめた名言集。

ぺえ著/祥伝社

ぺえさんからみなさんへ

短所を、短所のままで終わらせないで。たとえば、短所が「人見知り」な人は、繊細《せんさい》で相手の気持ちを想像《そうぞう》できる人ともいえます。タレントにも、人見知りな人が多いけど、みんな新しい自分を見つけ出して、がんばっています。短所も、努力《どりょく》次第で長所に変《か》わるよ!

ダンサー

大《おお》前《まえ》光《こう》市《いち》さん

長所 ひとつのことを深く考える

短所 やることがおそい

「人とくらべることをやめたら自分の個性《こせい》に気がつけた」

交通事故《じこ》で左足のひざから下を失《うしな》う

ぼくは、プロのダンサーです。自分のダンスを人に見せるのが仕事です。ただし、見せるのは個性的《こせいてき》なダンスです。というのも、ぼくの左足は、ひざから下がありません。交通事故《じこ》で失《うしな》ってしまったからです。

事故《じこ》にあったのは、二十四歳《さい》のときでした。プロのダンサーとなって間《ま》もなく、ある舞踊団《ぶようだん》への入団試験《にゅうだんしけん》がありました。その最終選考《さいしゅうせんこう》の直前に、車にひかれ、切断手術《せつだんしゅじゅつ》を受けました。退院後《たいいんご》、義足《ぎそく》をつけてふたたびダンスの練習を始めました。でも、いくらがんばっても、前と同じようにはおどれません。健常者《けんじょうしゃ》の足にはもどらないのです。ダンスショーの仕事はこなくなり、「なぜ、自分だけこんな目にあわなければならないのか！」と、人目もはばからずに泣《な》きました。自分は無《む》価値《かち》な人間になったと思いました。

落ちこんで思い出したむかしの自分

ぼくは、子どものころに、いじめられたときのことを思い出しました。みんなとくらべてやることがおそく、「のろま」とか「カメイチ」とか言われました。テストの点数もよくなく、いろいろなことを、みんなと同じようにさっさとこなせませんでした。やる前に、あれこれ考えこんでしまうのです。これは自分の欠点《けってん》だと思い、劣等《れっとう》感《かん》をずっと持っていました。

でも、得意《とくい》なこともありました。それは、みんなの前で演《えん》じ、表現《ひょうげん》することです。中学生のとき、卒業生《そつぎょうせい》を送る会の演劇《えんげき》で、えんま大王の役をやりました。このとき、人の注目を浴《あ》び、認《みと》めてもらえた喜《よろこ》びと、表現《ひょうげん》することの楽しさを感じました。それがきっかけで、ダンスを始めたのです。

プロフィール

1979年岐阜県《ぎふけん》生まれ。交通事故《じこ》で左足のひざから下を失《うしな》うも、義足《ぎそく》をいかしたダンサーとして、舞台《ぶたい》や講演《こうえん》で活躍《かつやく》。2016年リオデジャネイロパラリンピックの閉会式《へいかいしき》や2017年NHK《エヌエイチケイ》紅白歌合戦《こうはくうたがっせん》で創作《そうさく》ダンスを演《えん》じるなど、世界から注目を集めている。

ダンスによっては、義足《ぎそく》をつけずにおどるという大前《おおまえ》さん。

劣等感《れっとうかん》を変《か》えてくれた仲間《なかま》の言葉

事故《じこ》にあった後も、「もう一度ダンスをしたい、みんなの前で表現《ひょうげん》したい！」という思いは、消えていませんでした。そんなぼくが、ダンスグループで練習していたときのこと、どうしても足が痛《いた》むので、義足《ぎそく》をぬいでおどってみました。すると、「それ、いいよ！」「自然《しぜん》できれい！」と仲間《なかま》が言ってくれたのです。

ぼくは、すごくおどろきました。「足が短いのはみっともない」「なるべく普通《ふつう》に見られたい」。そう思っていたのに、ひざから下がないほうがいいだなんて。ぼくは考えました。熟考《じゅっこう》することは得意《とくい》だからです。

考えているうちに、わかってきたことがありました。ぼくは、いままで人とくらべていたのです。だれが優秀《ゆうしゅう》とか、どちらがきれいとか、そういう考え方をしていたのです。けれども、そうではなく、自分には「左ひざから下がない」という個性《こせい》があると考えたらどうでしょう。そう考えれば、もう勝ち負けは関係《かんけい》ありません。ぼくは無価《むか》値な人間ではなく、強烈《きょうれつ》な個性《こせい》の持ち主となれるのです。

「ぼくはこわれた電化製品《せいひん》じゃない。ぼくの表現《ひょうげん》には、きっと別《べつ》の形があるはずだ。義足《ぎそく》のダンス。それをつくってみよう！」。そう思うことができたのです。

実際《じっさい》に、ぼくが義足《ぎそく》をいかしたダンスをおどると、多くの人は喜《よろこ》んでくれました。個性《こせい》と見てくれる人が大勢《おおぜい》いたのです。ぼくはこれから、そうした人たちに向けて創作《そうさく》ダンスをしていこうと、前向きに思うことができました。

自分の特徴《とくちょう》を知っていかしてほしい

長所と短所って何でしょう。ぼくは、単《たん》にその人の「特徴《とくちょう》」だと思います。

子どものころの大前《おおまえ》さん。人前に出るのが大好《だいす》きだった。

他人《ひと》から見ると!?

A《エイ》さん（友人）

大前《おおまえ》さんの性格《せいかく》は、ズバリ“負けずぎらい”です。自分は人よりおとっていると思っていて、他人にもそんな自分にも負けたくないとがんばるのが大前《おおまえ》さんです。負けることでくやしい思いをしても、そこから圧倒的《あっとうてき》なパワーではい上がり、また別《べつ》の自分になっていく不思議《ふしぎ》な人です。その一方で、たくさん負けてきたぶん、人の痛《いた》みがわかる優《やさ》しい人でもあります。ダンスにも、それが表れているのだと思います。

ダンスの舞台《ぶたい》で、ピエロを演《えん》じる大前《おおまえ》さん。

ぼくの左足は、長距離《ちょうきょり》を走ったり、左足でジャンプをしたりする点から見ると短所です。でも、印象深《いんしょうぶか》いダンスができるという点では長所なのです。

熟考《じゅっこう》しすぎてやることがおそい、という点も同じです。時間内に多くのことをやらなければならないときは短所ですが、ダンスの表現《ひょうげん》について深く考えるときなどは長所になります。

熟考《じゅっこう》して準備《じゅんび》したダンスが、ショーでよい評価《ひょうか》を受けると、大きな自信《じしん》になります。「感動した」「力をもらった」「芸術的《げいじゅつてき》にも美しい」などと言われると、熟考《じゅっこう》した成果《せいか》だと思います。

この本を読んでいるみなさんも、自分の特徴《とくちょう》を知ったら、それを長所として使えるといいですね。

自分の中に「芯《しん》」を持って つねに新しいことに挑戦《ちょうせん》

学校では、いろいろな勉強をして、いろいろなことを覚《おぼ》えます。それがどんどんできる人は、優秀《ゆうしゅう》だと思います。でも、それができない人は優秀《ゆうしゅう》ではない、というわけではありません。

大切なのは、自分の中に「芯《しん》」を持つことです。「芯《しん》」があると、一つひとつのことを深く考えられるようになり、自分で答えを見つけていく力が備《そな》わります。

ぼくは、いつも「変化《へんか》は進化だ」と自分に言い聞かせています。変化《へんか》することを好《この》まない人も多くいます。いままでと同じほうが楽だし、安全だからです。でも変化《へんか》しなかったら、決してよくはなりません。変化《へんか》してこそ成長《せいちょう》し、進化するのだと思います。

「芯《しん》」を大切にしながら、自分になかった新しい考えは取り入れ、つねにチャレンジ精神《せいしん》でのぞむこと。そうすれば、自分の理想へと近づいていけると思います。

話してハッケン!

トモ：ぼく、作文を書くとき、いっつもみんなより時間がかかるんだ。

ユイ：休み時間とか、放課後《ほうかご》までねばっていることもあるよね。

トモ：みんなみたいに早くできたらいいいなって思うんだけどね。

ユイ：いっぱい考えているから、いい文章が書けるんじゃない？

トモ：えっ、そんなふうに考えたことはなかった。

ユイ：作家をめざしなよ！　トモくんなら、絶対《ぜったい》なれるよ！

大前《おおまえ》さんからみなさんへ

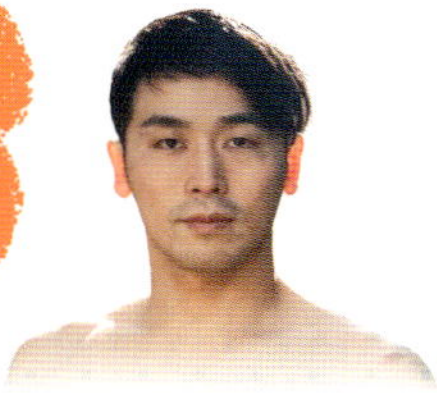

みなさんの興味《きょうみ》のあることは何ですか？　それを続《つづ》けてみてください。「どうしたらもっとよくなるだろう」と、考えながら続《つづ》けてみましょう。そうすると自信《じしん》が持てる！　自信《じしん》を持って生きられれば、その人生は幸せになるはずです。

俳優《はいゆう》

片《かた》桐《ぎり》はいりさん

長所　人を笑《わら》わせる、おどろかす

短所　社交性《しゃこうせい》がない

「短所がすべてよい部分に変《か》わった」

長所や短所って何だろう？ 基準《きじゅん》によって逆転《ぎゃくてん》する？

長所や短所とよく言いますが、わたしは、「何に対して長所で、何に対して短所なんだろう？」「それを決める尺度《しゃくど》って、どこにあるんだろう？」と、疑問《ぎもん》に思ってしまいます。基準《きじゅん》によって長所や短所が、逆転《ぎゃくてん》することがあると思うのです。実際《じっさい》、わたしがそうでしたから。

つらかった子ども時代が俳優《はいゆう》になるきっかけに

わたしは子どものころ、学校の先生から、落ち着きがなく、すぐに感情的《かんじょうてき》になってしまう子だと見られていたと思います。何をやっても人からおくれているので、ときには劣等生《れっとうせい》だと言われてしまうこともありました。

体育はできないし、数学も苦手、バスケットボール部ではユニフォームすらもらえない。あまりにへたくそで、先輩《せんぱい》に「外でずっとパスの練習だけしてて」と言われるほどでした。それでも一生懸命《いっしょうけんめい》やっていたら、みんなに忘《わす》れられ、わたし以外《いがい》が先に帰っていたなんてことも……。自由参加《さんか》の研修《けんしゅう》旅行では、団体《だんたい》行動ができないと思われたのか、「来ないでほしい」と言われました。

こんなふうに、がんばっても認《みと》めてもらえないことが多かったので、子ども時代はあまりいい思い出がありません。ほんとにもう、生きるのが大変《たいへん》でした。でも、それを変《か》えてくれたきっかけが、俳優《はいゆう》という仕事と出会ったことでした。

わたしは、「一度でいいから舞台《ぶたい》に立ってちがう人を演《えん》じてみたい」という気持ちから、演劇《えんげき》の道に進みました。そんな強い気持ちを持ったのも、子ども時代にその願《ねが》いが果《は》たされなかったからです。

プロフィール

1963年東京都《とうきょうと》生まれ。成蹊大学在学中《せいけいだいがくざいがくちゅう》に劇団《げきだん》に入団《にゅうだん》し、俳優《はいゆう》となる。ユニークな演技《えんぎ》と個性的《こせいてき》な感性《かんせい》で、舞台《ぶたい》、映画《えいが》、ドラマ、CM《シーエム》などで幅広《はばひろ》く活躍《かつやく》。おもな出演作《しゅつえんさく》に、映画《えいが》『かもめ食堂《しょくどう》』、NHK連続《エヌエイチケイれんぞく》テレビ小説《しょうせつ》『あまちゃん』など。NHKE《エヌエイチケイイー》テレの道徳《どうとく》番組『時々迷々《ときどきまよまよ》』では時々《ときどき》迷々役《まよまよやく》を演《えん》じている。

映画《えいが》『小野寺《おのでら》の弟・小野寺《おのでら》の姉』で、姉と弟二人で暮《く》らすきょうだいの姉・より子役を演《えん》じた片桐《かたぎり》さん。

学芸会《がくげいかい》のお芝居《しばい》では、「役をやりたい」と手をあげたにもかかわらず、かないませんでした。学芸会《がくげいかい》に出るために、国語の授業《じゅぎょう》の朗読《ろうどく》で気持ちをこめて教科書を読んで、アピールしたりもしたのに。朗読《ろうどく》はほめられたけれど、いざお芝居《しばい》の役を決めるとなったら、舞台《ぶたい》で急に予定外のことをされたら困《こま》ると思われたのか、役には選《えら》ばれません。舞台上《ぶたいじょう》で歌うコーラス担当《たんとう》すらダメで、舞台《ぶたい》の下で歌わされました。

© 2014『小野寺の弟・小野寺の姉』製作委員会

『小野寺《おのでら》の弟・小野寺《おのでら》の姉』のより子は、不器用《ぶきよう》だけど弟想いの女性《じょせい》。片桐《かたぎり》さんが愛嬌《あいきょう》たっぷりのキャラクターを演《えん》じている。

人をおどろかせたいといつも思っている

「一回だけ演《えん》じれば気がすむ」と、中学・高校時代は演劇部《えんげきぶ》に入りましたが、それでも役がつかない！

中学の同級生に、後《のち》に国際《こくさい》※アンデルセン賞《しょう》を受賞《じゅしょう》する作家の上橋菜穂子《うえはしなほこ》さんがいて、彼女《かのじょ》が台本を書いて、学園祭で上演《じょうえん》することになったんです。わたしは彼女《かのじょ》に、「お願《ねが》いだから役をやらせて」と、門番の役をもらいました。

門番は、斬《き》られて死ぬだけの役。でも、わたしは体育館からマットを持ってきて、舞台下《ぶたいした》に敷《し》き、本番では斬《き》られて大げさに舞台《ぶたい》から落ちるという演《えん》技《ぎ》をしました。すると、大きな笑《わら》いが起きたんです。思えば、これがわたしの初《はじ》めての演技経験《えんぎけいけん》かもしれません。

だれにも頼《たの》まれていないのに、自分からそういうアイディアを思いつくというのは、「好《す》き」という気持ちがあるから。わたしは、好《す》きなものをいち早く見つけられたのだと思います。

好《す》きなものに対してなら、人はいくらでも努力《どりょく》できるものなのではないでしょうか。わたしの好《す》きなものは、お芝居《しばい》でした。人々《ひとびと》をびっくりさせたい、笑《わら》わせたい、おどろかせたい、そんな気持ちだけで、いまも続《つづ》けています。

子どものころ、いたずらばかりして怒《おこ》られていましたが、それは人をおどろかせたかったから。いまもそのときの「びっくりさせたい」という気持ちで演《えん》じているんです。その意味で、いまも子どものときの性格《せいかく》そのままです。

短所やいやな思い出がいかされる仕事もある

自分の長所が見つからない人は、まず、好《す》きなことを見つけることから始めてみてはいかがでしょう。わたしの人生は、演劇《えんげき》をやるようになって、それほど大変《たいへん》ではなくなりました。子どものとき、ダメだと言われていた短所の部分を、よいことに変《か》えられたからです。「変《へん》な顔」と言われていたことも、俳優《はいゆう》としては、笑《わら》ってもらえる武《ぶ》器《き》になりました。

俳優《はいゆう》や小説家《しょうせつか》など表現《ひょうげん》する人の仕事では、むしろ短所やいやな思い出などがいかせるのかもしれません。

※国際《こくさい》アンデルセン賞《しょう》……優《すぐ》れた児童《じどう》文学の作家や画家に贈《おく》られる、国際的《こくさいてき》な賞《しょう》。

長所や短所を決めつけない！

わたしの経験《けいけん》のように長所や短所は、逆転《ぎゃくてん》することが大いにあります。子ども時代のよいことと悪いことも、大人になってみれば、逆《ぎゃく》になっていることもあるのです。わたしの場合、子どものときに、もしすんなり舞台《ぶたい》に出られていたら、その後《ご》、俳優《はいゆう》になることはなかったと思います。

わたしは子ども時代に、あまりよい思い出がありませんが、あのときがあるから、いまがある。だから「悪いことなんてひとつも起こらない」と思っています。悪いことでも、「これが後《あと》でどんなよいことにつながるんだろう！」と思ったほうがいいと思うのです。

だれとでも仲《なか》よくしようと思わなくていい

わたしの短所は、あえて言えば社交《しゃこう》性《せい》がないこと？　芸能界《げいのうかい》で生きていくとしたら、もう少し社交的《しゃこうてき》なほうがいいと思いますし、そうすればお友達《ともだち》が増《ふ》えて、仕事も増《ふ》えるのかもしれません。ただ、社交性《しゃこうせい》がないことが、そんなに悪いとも思っていないんです。多少はないと困《こま》りますが、社交的《しゃこうてき》な性格《せいかく》にならなくてもよいと思っています。

これは、みなさんにも重要《じゅうよう》なことではないでしょうか。みなさんは、だれとでも友達《ともだち》になろうと思っていませんか。でも、だれにでも好《す》かれようとするとしんどい。「この人にきらわれてもわたしは困《こま》らない」と思ったら、きらわれたり、悪口を言われても気にならなくなります。

実際《じっさい》、わたしのことをきらいな人は、わたしにとって必要《ひつよう》じゃないことが多い。無理《むり》に全員と仲《なか》よくなろうと思わなくていいと思うのです。

話してハッケン！

アキ：ユイちゃん、髪《かみ》の毛のアレンジが上手だよね。あこがれるな。

ユイ：結《むす》んであげる！　ショートヘアでも、おだんごってつくれるんだよ。

アキ：えっ、そうなの？　ユイちゃん、おしゃれにくわしいね！

ユイ：いっつもバスケしてるけど、じつはモデルにもあこがれてるんだ。

読んでみよう！

『もぎりよ今夜も有難《ありがと》う』

「もぎり」とは、映画館《えいがかん》や劇場《げきじょう》でチケットを確認《かくにん》する人のこと。もぎりのアルバイトをしていた片桐《かたぎり》さんが、映画《えいが》への愛情《あいじょう》をつづった本。

片桐はいり著／幻冬舎

片桐《かたぎり》さんからみなさんへ

迷《まよ》うこと、なやむことは、悪いことではありません。人から何か言われたときに、「本当かな？」と立ち止まっていい。なやむということは、頭が元気な証拠《しょうこ》。迷《まよ》うことで、人間としてのバランス感覚《かんかく》がきたえられていくような気がします。

声優《せいゆう》

山《やま》口《ぐち》勝《かっ》平《ぺい》さん

長所 プラス思考、楽観的《らっかんてき》

短所 自信《じしん》が持てない、小心者

「自分に自信《じしん》がないから向上心を持ち続《つづ》ける」

熱《ねっ》しやすく冷《さ》めやすい そして選《えら》んだ表現《ひょうげん》する仕事

ぼくの性格《せいかく》は、ひとことで言うと「熱《ねっ》しやすく冷《さ》めやすい」。興味《きょうみ》があるものにはとことん打ちこむけれど、別《べつ》のものに興味《きょうみ》を持つと、すぐにそちらへうつってしまいます。

そんなぼくが、ずっと熱中《ねっちゅう》したまま続《つづ》けられているのが、いまの〝表現《ひょうげん》する仕事＝お芝居《しばい》〟です。

小学校の六年間は、通知表に「明るく朗《ほが》らかで、落ち着きがない」と毎年書かれていました。じっとしているのが苦手で、興味《きょうみ》があることには、どんどん挑戦《ちょうせん》していましたね。将来《しょうらい》の夢《ゆめ》もたくさんありました。小学校の先生、映画《えいが》にかかわる人、船に乗る人……。

表現《ひょうげん》の道を進むと決断《けつだん》したのは、高校生のとき。卒業後《そつぎょうご》の進路を決める先生と親との面談で、「役者をやりたいから、東京《とうきょう》へ行く！」と宣言《せんげん》したのです。先生も家族もすごくおどろいていましたが、反対はありませんでした。

考え方のくせを変《か》えたら人生が楽しくなった

この仕事を始めてから、「物事をプラスに考えよう」というくせが身につきました。これがぼくの長所です。

声優《せいゆう》という仕事は、作品ごとにオーディションを受けて、仕事が決まります。オーディションに落ちることも、たくさんあります。ぼくも、落ちるたびに「自分がダメだったんだ」と落ちこみました。

そこで、落ちたときには、「これから先、この作品と同じ時間帯《じかんたい》にやる大きな仕事が入る。だから、神様がこの仕事はやらなくていいって言ってくれたんだ」と思うように、考え方を変《か》えました。そうすれば、落ちこんだり傷《きず》ついたりしませんし、自分の心を守ることができます。

プロフィール

1965年福岡県《ふくおかけん》生まれ。アニメやゲーム、外国映画《えいが》のふきかえ、テレビ番組の人形の声など、幅広《はばひろ》く活躍《かつやく》。出演作《しゅつえんさく》に、『らんま1/2』の早乙女乱馬《さおとめらんま》役、『名探偵《めいたんてい》コナン』の工藤新一《くどうしんいち》役、『ONE PIECE《ワンピース》』のウソップ役、『はなかっぱ』のがりぞー役などがある。

山口《やまぐち》さんが演《えん》じる『名探偵《めいたんてい》コナン』の工藤新一《くどうしんいち》。彼《かれ》にスポットをあてた作品も発売されている。

『名探偵コナン DVD SELECTION Case1.工藤新一』／発売元／小学館 販売元／Being ©青山剛昌／小学館・読売テレビ・TMS 1996(P)2007

この考え方のくせをつけたことで、人生がより楽しくなった気がします。楽観的《らっかんてき》かもしれませんが、物事をマイナスに考えるより、自分に都合よくとらえたほうが楽しいですよね。

めんどうなことを自分で楽しくする

声優《せいゆう》という仕事で一番楽しいのは、映像《えいぞう》に合わせて声を入れる本番です。その本番をむかえるには、いっぱい練習しなければなりません。何回もくり返し練習するのは、けっこう大変《たいへん》です。映像《えいぞう》を流しながら、台本を読んで絵に合わせていくのが普通《ふつう》のやり方ですが、そのくり返しだとあきてしまいます。

そこでぼくは、ひと工夫《くふう》を入れます。映像《えいぞう》をわざと途中《とちゅう》から流して、その場面に合うページを台本から探《さが》し出すのです。ちょっとしたゲームのつもりですね。まわりから見ると、くだらないことかもしれませんが、単純《たんじゅん》に自分が楽しめればいいのです。めんどうなことや大変《たいへん》なことは、「どうやったら楽しくできるのか」と考えることを、いつも心がけています。

向上心が持てるのは自分に自信《じしん》がないから

ぼくの短所は、自分に自信《じしん》が持てないこと。ぼくは小心者で、堂々《どうどう》とできないのです。仕事をしていても、完璧《かんぺき》だと思ったことは一度もありません。つねに全力でやっているのですが、終わると「別《べつ》の表現《ひょうげん》があったのでは？」とか「もっとこうやればよかった」と、すぐに考え出してしまいます。

でも、自分に自信《じしん》が持てないおかげで、「もっとうまくなりたい！」と、向上心を持ち続《つづ》けていられるのかもしれません。

言葉を一つひとつ、ていねいに話す山口《やまぐち》さん。言葉のキャッチボールを大切にしているという。

他人《ひと》から見ると!?

高橋《たかはし》 進《すすむ》さん（山口《やまぐち》さんのマネージャー）

山口《やまぐち》さんは、興味《きょうみ》の幅《はば》がとても広い人です。いまは落語に夢中《むちゅう》ですし、時間があると、ギターをひいたりもします。落語は、プロの落語家の方の弟子《でし》となり、師匠《ししょう》から学んでいます。ときには、師匠《ししょう》のお手伝《てつだ》いのために、東京《とうきょう》から兵庫県《ひょうごけん》の神戸《こうべ》まで日帰りで行くこともあります。大人になっても、新しいことを学ぼうとしたり、だれかに教わったりすることは、すごいことだと思います。

小心者で意見を言うのも苦手

ぼくには、小心者のために、自分の意見をはっきり言えない、という一面もあります。「丸くなった」とも言うのでしょうか、子どものころは、あれもこれも大事だったので相手にゆずれず、ケンカをすることもありました。でも、年をとるにつれて、大事なことが「表現《ひょうげん》する」ことだけになったのです。だから、それ以外《いがい》については、「争《あらそ》うくらいなら自分が引けばいい」と思っています。

自分の伝《つた》えたいことを、うまくまとめられない、という短所もあります。感情《かんじょう》に任《まか》せて話すと、後《あと》で「何であんなことを言っちゃったんだろう……」と反省《はんせい》することが多いので、ひと呼吸《こきゅう》おいてから、意見を伝《つた》えるように心がけています。そうすれば、相手を傷《きず》つけないし、自分が思っていることも、きちんと伝《つた》えられます。

挑戦《ちょうせん》し続《つづ》けたいから落語を習い始めた

五十歳《さい》を過《す》ぎて、もっともっと芝居《しばい》をつきつめたいと思ったときに、何か新しいことにチャレンジしようという思いが芽生《めば》えました。そこで始めたのが、落語です。こうやって、新しいことに飛《と》びこめることは、長所のひとつかもしれません。

落語は、いままでやってきた演技《えんぎ》とは、まったくちがいます。これまで学んできた方法《ほうほう》が通じず、むしろじゃまになるくらいで、それがものすごく楽しいです。

やってみなければわからないことは、たくさんあると思います。だから、これからも、いろいろなことに挑戦《ちょうせん》していきたいです。

話してハッケン！

ソラ：ぼく、思ったことをすぐに言っちゃうんだ。

ユイ：わたしも。自分の意見はどんどん言っちゃうかも。

ソラ：でも、相手の話もしっかり聞かなきゃなって思った！

ユイ：そうだね。パパパパパッて話すのが、苦手な人もいるよね。

見てみよう！

『おまえうまそうだな』

宮西達也《みやにしたつや》さん作の絵本「ティラノサウルスシリーズ」をアニメ化した作品。山口《やまぐち》さんは、主人公のハート役を演《えん》じている。

「おまえうまそうだな」／ハピネット

山口《やまぐち》さんからみなさんへ

いましか経験《けいけん》できないことを、どんどん体験《たいけん》して楽しんでほしいな。「自分はこれしかできない」と決めつけず、いろんなことにチャレンジして、選択肢《せんたくし》をどんどん増《ふ》やしてみよう。そのすべてが、未来《みらい》の自分へつながっていくよ。

ファッションデザイナー

津《つ》森《もり》千《ち》里《さと》さん

長所 好奇心《こうきしん》が旺盛《おうせい》、興味津々《きょうみしんしん》

短所 注意力が散漫《さんまん》

「みんなをハッピーな気持ちにさせたい！」

プロフィール

1954年埼玉県《さいたまけん》生まれ。服飾《ふくしょく》の専門学校《せんもんがっこう》を卒業後《そつぎょうご》、ブランド「イッセイミヤケ」に入社。1983年に自身のブランド「TSUMORI《ツモリ》 CHISATO《チサト》」を創設《そうせつ》。2002年「毎日ファッション大賞《たいしょう》」の大賞《たいしょう》を受賞《じゅしょう》。幅広《はばひろ》い年代の女性《じょせい》に愛《あい》される服づくりを続《つづ》けている。

津森《つもり》さんのブランド「TSUMORI CHISATO《ツモリチサト》」の、東京の表参道《おもてさんどう》にある青山店。

落ち着きのなさは好奇心旺盛《こうきしんおうせい》の裏返《うらがえ》し

わたしの長所は、好奇心《こうきしん》が旺盛《おうせい》なところ。短所はそのぶん、キョロキョロとして注意力散漫《さんまん》なところかしら。小学校の通知表には、六年間、ずっと「落ち着きがない」と書かれていました。いつでも、どんなときでも、アンテナを張《は》りめぐらせている性格《せいかく》なのです。何かしていても、おもしろそうなことがあったら、すぐそっちに興味《きょうみ》を向けてしまいます。学校でもそんな調子だったから、授業中《じゅぎょうちゅう》も、ぼーっとしていたのかもしれません。でも、音楽と図工が得意《とくい》で、マンガ家をめざすくらい絵が好《す》きでした。絵は、いまの仕事にもいかされていますね。

大人になったいまも、興味《きょうみ》を持ったものに人一倍の集中力で取り組むところは変《か》わっていません。一方、注意力散漫《さんまん》なので、この年齢《ねんれい》になってもよく「子どもみたい」と言われます。子どものように、のびのびと生きているのかもしれません。それがわたしの長所でもあり、短所でもあると思います。

何でも質問《しつもん》を投げかける「質問魔《しつもんま》」なところも、子どものころから変《か》わっていません。何かひとつ相手に聞いたら、もっとおもしろい答えが出てくるんじゃないかなと、いつもわくわくしています。わたしの知らない世界のとびらが開く気がして、わざと相手に質《しつ》問《もん》するようなところもあります。

小さいときからおしゃれが大好《だいす》き！

わたしの実家のそばには、米軍基地《べいぐんきち》があり、むかしからアメリカ文化が街《まち》にあふれていました。まわりに住む人たちも、どこか洗練《せんれん》された人が多かったように感じます。洋服は買うのではなく、自分でつくる時代です。母や近所のお姉さんによく服をぬってもらいました。小学校高学年のころのお気に入りは、つくってもらったチュチュと、アメリカ人からもらった三角帽子《さんかくぼうし》。自分が好《す》きだと思う服を着て、自由な服装《ふくそう》で学校に行っていました。

人形遊びがはやっていたときでも、お人形の洋服を自分でつくるのが好《す》きでした。いまも、お人形が人間のモデルさんに変《か》わっただけで、同じことを夢《む》中《ちゅう》でやり続《つづ》けているような気がします。

中学校の演劇《えんげき》で衣装《いしょう》を初《はつ》プロデュース

ものづくりを意識《いしき》したのは、中学生のころ。体育祭で「カルメン」という闘牛士《とうぎゅうし》の演劇《えんげき》の衣装《いしょう》を担当《たんとう》しました。カルメン役の子には赤い生地《きじ》でスカートをつくって、闘牛士《とうぎゅうし》には黒い服をと、みんなをすてきに見せることを考えるのが、とても楽しかったのを覚《おぼ》えています。それが人生初《じんせいはつ》のプロデュースだったのかもしれません。

そのときに感じた楽しさや興奮《こうふん》を、高校卒業後《そつぎょうご》に入学した服飾《ふくしょく》の専門学校《せんもんがっこう》「文化服装学院《ぶんかふくそうがくいん》」で思いっきりいかしました。長所の「集中力」を発揮《はっき》して、何日も徹夜《てつや》で課題《かだい》に取り組んだり、同じ目標《もくひょう》を持った仲間《なかま》と切磋琢磨《せっさたくま》し合ったりしました。短所の「注意力散漫《さんまん》」を出すヒマもありませんでしたね。

自分で見つけた興味《きょうみ》のあることだし、まわりにはすばらしい人がたくさんいたから、あきるなんてこともなし。仲《なか》間《ま》たちのおかげで、自分自身を成長《せいちょう》させることができたとも思います。

迷《まよ》ったりなやんだりは楽しいこと

ものをつくるときは、とても迷《まよ》うタイプです。完成形《かんせいけい》は、心の中で決まっているのですが、そこにたどり着くま

人を楽しませることが大好《だいす》きだという津森《つもり》さん。話している最中《さいちゅう》も、ずっと笑顔《えがお》を絶《た》やさない。

他人《ひと》から見ると!?

南部 祐《なんぶゆう》さん
（津森《つもり》さんのブランドの広報担当者《こうほうたんとうしゃ》）

毎日、アシスタントをはじめとした、たくさんのスタッフが、デザイナーである津森《つもり》さんのもとに、確認《かくにん》や打ち合わせをしに来ます。そんな集中している中でも、横切った生地《きじ》に目が行ったり、だれかの言葉が耳に引っかかったりしています。注意力散漫《さんまん》で好奇心旺盛《こうきしんおうせい》な女の子。それがそのまま大人になったのが、わたしの目から見た津森《つもり》さんです。

でに、思いつく限《かぎ》りのことを試《ため》さないと気がすまない。つくる過程《かてい》を楽しんでいるのです。
　たとえば、買い物だってそうだと思います。何を買うかは決まっているけれど、あれもこれも見て迷《まよ》っているのって、楽しいですよね。頭の中でどうしようかなと、なやむ楽しさをずっと大切にしていたいと思います。

ほめられたことを大事にしてきた

　いまでもよく覚《おぼ》えているのが、幼稚《ようち》園《えん》のときに、「ちーちゃんは絵が上手なんだね」と父に言われたことです。とてもうれしかったですね。「ほめてもらえるくらい上手なら、絵をかく才《さい》能《のう》をのばそう」と、自分で思い続《つづ》けてきました。父の言葉が、ファッションデザイナーをめざすきっかけのひとつになった気もします。
　自分がおもしろいと思うものを、人も同じようにおもしろがってくれるのは、とても楽しいし、うれしいことだと思います。「おもしろいものがなかなか見つからない」と、なやむ人もいるかもしれません。失《な》くしものを探《さが》しているスタッフや自分の子どもに対して、わたしがよく言う言葉があります。「心の中で『ない、ない』と思って探《さが》しても、見つからないよ。『ある、ある』と思って、探《さが》してごらん」。
　興味《きょうみ》があるものも、同じことではないでしょうか。ないと思って探《さが》すのではなく、どこかにおもしろいものがあると思いながら探《さが》していれば、きっといつか、自分だけのおもしろいことが見つかるはずです。あこがれの職業《しょくぎょう》も「わたしならなれる」と思っていると、自然《しぜん》にそうなれるのではないでしょうか。いろんなことに興味《きょうみ》を持って、挑《ちょう》戦《せん》してみてください。

話してハッケン！

ユイ：苦手な子って、ついつい悪いところばかり見ちゃうんだよね。

トモ：確《たし》かに。でも、いいところもあるはずだよ。

ユイ：本当？　たとえば？

トモ：ぼく、ユイちゃんのおしゃべりなところは苦手だけど、授業中《じゅぎょうちゅう》に率《そっ》先《せん》して発言するのはあこがれる。

ユイ：え、そうだったの？　わたしも「ある、ある」って探《さが》したら、苦手な人の長所が見つかるかな？

トモ：うん。きっと見つかると思うよ。

津森《つもり》さんからみなさんへ

38ページの写真をよーく見てください。わたしがつくったTシャツ《ティー》を着ています。"happy《ハッピー》"がテーマの絵は、自分でかいたものです。わたしのつくったもので、だれかが"happy《ハッピー》"になったらいいな、と思っています。

画家

日《ひ》野《の》之《これ》彦《ひこ》さん

長所　絵をかくのが得意《とくい》

短所　人前だと緊張《きんちょう》する

「わたしは、わたしにしかかけない絵をかきたい」

ずっと続《つづ》けられたのは絵をかくことだけ

わたしの長所は、絵をかくのが得意《とくい》なところだと思います。小さいころは、ひまさえあれば絵をかいていました。チラシの裏《うら》の白いところに、びっしりとかいていましたね。一番古い記憶《きおく》は、おばあちゃんのとなりで富士山《ふじさん》の絵をかいていたこと。小学生になってからは、マンガのキャラクターなどもよくかきました。

だれかにかけと言われたわけではないのですが、とにかくたくさんえがいていました。絵をかくことは、飽《あ》きずに、ずっと続《つづ》けることができたのです。毎日たくさんかくと、上手になりますよね。小学生のころには、すでに自分の絵がみんなより上手だということを自覚《じかく》していました。

中学校、高校へ進んでも、相変《あいか》わらず絵をかく日々《ひび》が続《つづ》きました。高校生になって、絵画教室へ通うようになり、大学で美術《びじゅつ》を学ぶ道があるということを知りました。実際《じっさい》に大学に進学して学ぶうちに、画家になろうと決心したのです。

家族の前でも緊張《きんちょう》するほどおくびょうで気が小さい

わたしの短所は、人見知りで、人前だと緊張《きんちょう》するところです。おくびょうで、気が小さいんでしょうね。この性格《せいかく》は、大人になってから、だいぶましにはなりましたが、いまでもあまり変《か》わっていないと思います。

小学生のころ、家族の前で国語の教科書を音読する宿題を出されました。わたしは家族の前でも緊張《きんちょう》するので、戸を閉《し》めて、となりの部屋で聞いてもらったのを覚《おぼ》えています。

いつまでもこのままではいけ

★プロフィール★

1976年石川県《いしかわけん》生まれ。筑波大学大学院《つくばだいがくだいがくいん》を卒業《そつぎょう》。2005年、若手《わかて》作家が出展《しゅってん》する「VOCA展《ヴォーカてん》」にて、大賞《たいしょう》であるVOCA賞《ヴォーカしょう》を受賞《じゅしょう》。2006～2007年にかけて、インドに滞在《たいざい》。現在《げんざい》は多摩美術大学《たまびじゅつだいがく》で講師《こうし》をしながら、作品を発表している。2018年には、個展《こてん》「外へ」を開催《かいさい》した。

ふだんは「真面目《まじめ》でおとなしい」性格《せいかく》だという日野《ひの》さん。作品はインパクトが強いものが多いので、画家仲間《なかま》から、ふだんとの差《さ》におどろかれるという。

ないと、高校時代や大学時代には、この短所を直そうとがんばりました。苦手なのに、あえて人がたくさん集まるところへ行ったこともあります。でも、なかなかうまくいきませんでした。とはいえ、友達《ともだち》がいなかったわけではありません。同じように絵をかいたり、作品をつくったりする人とは、自然《しぜん》と会話がはずむのです。

　そういう人たちとは、自分や相手の作品について、熱《あつ》い意見を交わすこともできました。

日野《ひの》さんが2017年に制作《せいさく》した作品『首飾《くびかざ》り』。日野《ひの》さんの作品は、美しい青色を基調《きちょう》とした背《はい》景《けい》に、大きく目を開いた人物が特徴的《とくちょうてき》。「作品は、わたしの中にある世界の一部」だという。

人見知りのはずが インドではなぜか平気

大学を卒業《そつぎょう》すると、最初《さいしょ》はアルバイトをしながら絵をかいていました。しかし、アルバイトがいそがしく、絵をかく時間が十分に取れません。そこで、日本よりも安いお金で生活できるインドへわたり、絵をかくことにしました。

　当時は、東京で一か月暮《く》らせるお金があれば、インドだと三か月暮《く》らすことができたからです。

　日本にいても人とコミュニケーションをとるのが苦手なのに、外国へ行くなんて意外に思われるかもしれません。でも、インドの人たちと接《せっ》するほうが、あまり緊張《きんちょう》しませんでした。言葉はほとんどわかりませんが、なぜか気持ちは伝《つた》わりました。インドで出会った人たちが、おおらかだったからかもしれません。

　日本へ帰ると、すぐにもとの人見知りな自分にもどりましたが、インドはそういう意味でも、わたしにとって居《い》心地《ごこち》のよい場所でした。

絵をかくだけの生活では いい作品が生まれなかった

　わたしはいま、画家として絵をかく仕事のほかに、美術《びじゅつ》大学で講師《こうし》をしています。大勢《おおぜい》の学生の前で話すことは相変《あいか》わらず苦手で、いまも緊張《きんちょう》してしまいます。

　絵が売れるようになって、画家に専《せん》念《ねん》していた時期もありました。朝から晩《ばん》まで、だれにも会わずに絵をかき続《つづ》ける日々《ひび》。そんな毎日を過《す》ごしているうちに、気持ちがどんどん暗くなって、自分も作品もよくない方向へと進んでいることに気がつきました。

そういう環境《かんきょう》で制作《せいさく》したほうが、よい作品がえがける、という人もいると思いますが、わたしは苦手でも人と接《せっ》しながら、絵をかいていくほうが合っているとわかったのです。
　現在《げんざい》は自宅《じたく》でえがいたり、大学で講《こう》義《ぎ》の合間にえがいたりしています。いつでもどこでも、空いた時間に、パッと気持ちを切りかえて、すぐに絵に集中できることも、わたしの長所かもしれません。規則正《きそくただ》しい生活をしながら、毎日少しずつコツコツえがいていくのが、どうやらわたしに合うスタイルのようです。

他人の評価《ひょうか》より自分の納得感《なっとくかん》が大事

　わたしよりも絵がうまい人、すばらしい絵をかく人はたくさんいます。だから、わたしは、わたしにしかえがけない絵をかきたい。つねに新しいことにチャレンジして、進化したいと思っています。
　すでにイメージができているものではなく、自分でもかけるかどうかわからない、まったく未知《みち》の題材《だいざい》でも、まずはえがいてみる。やってみないとどうなるかわからないことを、やりたいのです。
　いま、画家としての自分に点数をつけるなら、百点満点中《ひゃくてんまんてん》百点かな。それは、えがきたいものを楽しんでえがけているし、新しいことに挑戦《ちょうせん》できているからです。ほかの人からの評価《ひょうか》よりも、まずは自分の納得《なっとく》のいく作品をえがけているかが重要《じゅうよう》だと思います。
　人前で緊張《きんちょう》するところは直りそうにないですが、自分なりに努力《どりょく》して、これからも人と接《せっ》していくつもりです。得意《とくい》な絵のほうは、どんどん新しいことに挑戦《ちょうせん》して、進化し続《つづ》けていきたいですね。

話してハッケン!

トモ：自分に100点をつけられるって、すごいなあ。

アキ：自分だったらどうかな、って考えちゃうね。

トモ：ついつい人の評価《ひょうか》も気にしちゃうしなあ。

ユイ：みんなそうだよ。たださあ、がんばっている自分を、自分でほめてあげてもいいんじゃない？

ソラ：ぼくは毎日サッカーをがんばっているから、100点！

トモ：そっかあ。それならぼくも、お弁《べん》当《とう》づくりを続《つづ》けているから、120点くらいだな！

日野《ひの》さんから みなさんへ

自分の個性《こせい》について、少ない知識《ちしき》の中で「自分ってこうだ」と、簡単《かんたん》に決めつけないでほしい。自分がどんな人間かわからないまま、いろいろなことに取り組んでいく中で、だんだん見えてくるものが個性《こせい》なんだと思います。

長所・短所を見つけよう！

性格《せいかく》や特徴《とくちょう》を表す言葉・表現《ひょうげん》③

個性《こせい》や人の特徴《とくちょう》を表す言葉・表現《ひょうげん》は、たくさんあります。自分や友達《ともだち》の長所・短所を考えたり、物語の登場人物の性格《せいかく》を考えたりする際《さい》に、参考《さんこう》にしてみましょう。

さ

先のばしする
先読みする
ささいなことを気にする
ざっくばらん
察《さっ》しがいい
さっそうとした
さっぱりとした
さばさばした
さびしがり屋
作法にうるさい
さぼり屋
冷《さ》めた
冷《さ》めやすい
さらっとした
さわがしい
さわやか

し

自意識過剰《じいしきかじょう》
恣意的《しいてき》
字がきれい
自画自讃《じがじさん》
時間にルーズ
時間を守る
色彩感覚《しきさいかんかく》が豊《ゆた》か
持久力《じきゅうりょく》がある
仕切り上手
私語《しご》が多い
地獄耳《じごくみみ》
自己嫌悪《じこけんお》する
自己主張《じこしゅちょう》がはげしい
自己中心的《じこちゅうしんてき》
自主的《じしゅてき》
私情《しじょう》をまじえない
自信家《じしんか》
自信《じしん》がない
静《しず》か
自制心《じせいしん》がある
自説《じせつ》を曲げない
自然《しぜん》を大切にする
自尊心《じそんしん》が強い
時代遅《おく》れ
時代錯誤《さくご》
支度《したく》が早い
舌先三寸《したさきさんずん》
親しみやすい
したたか
自堕落《じだらく》
しっかり者
失言《しつげん》が多い
しつこい
実行力がある
知ったかぶる
実直
じっとしていない
嫉妬《しっと》深い
失敗《しっぱい》を責《せ》めない
失敗《しっぱい》を引きずらない
失礼《しつれい》
視点《してん》がユニーク
自発的《じはつてき》
自負心が強い
自分勝手
自暴自棄《じぼうじき》
しみったれ
事務的《じむてき》
使命感が強い
じめじめした
社会性《しゃかいせい》がある
視野《しや》が広い
杓子定規《しゃくしじょうぎ》
弱者目線《じゃくしゃ》
社交的《しゃこうてき》
しゃしゃり出る
しゃべり上手
しゃらくさい
しゃれがわかる
しゃれっけがある
しゃんとした
縦横無尽《じゅうおうむじん》
自由闊達《じゆうかったつ》
自由自在《じゆうじざい》
従順《じゅうじゅん》
集団《しゅうだん》行動が苦手
羞恥心《しゅうちしん》がない
執着心《しゅうちゃくしん》が強い
集中力がある
柔軟《じゅうなん》に考える
執念《しゅうねん》深い
自由奔放《じゆうほんぽう》
主観的《しゅかんてき》
宿題を忘《わす》れない
主体的《しゅたいてき》
主導的《しゅどうてき》
受動的《じゅどうてき》
順位《じゅんい》にこだわる
純情《じゅんじょう》
純真《じゅんしん》
純粋《じゅんすい》
順応性《じゅんのうせい》が高い
瞬発力《しゅんぱつりょく》がある
順番《じゅんばん》を守る
準備《じゅんび》に時間がかかる
準備不足《じゅんびぶそく》
状況判断《じょうきょうはんだん》が早い
消極的《しょうきょくてき》
上下関係《かんけい》にうるさい
正直
常識《じょうしき》がない
常識外《じょうしき》れ
小心者
上手
少数意見を尊重《そんちょう》する

※46～47ページは、自由にコピーしてお使いいただけます。あ行は1巻《かん》「スポーツで輝《かがや》く」に、か行は2巻《かん》「未来《みらい》をつくる」に、た行からは行は4巻《かん》「伝統《でんとう》に生きる」に、ま行からわ行は5巻《かん》「いのちを守る」に掲載《けいさい》しております。

冗談《じょうだん》がわからない
冗長《じょうちょう》
情《じょう》にもろい
性根《しょうね》が悪い
情熱的《じょうねつてき》
勝敗《しょうはい》にこだわる
上品
勝負強い
譲歩《じょうほ》できない
性悪《しょうわる》
職人気質《しょくにんかたぎ》
職人肌《しょくにんはだ》
叙情的《じょじょうてき》
初心《しょしん》を忘《わす》れない
助力を惜《お》しまない
しらける
しらじらしい
しらばくれる
尻《しり》が重い
尻《しり》が長い
私利私欲《しりしよく》に走る
自立心がある
自律的《じりつてき》
支離滅裂《しりめつれつ》
時流に逆《さか》らう
時流に乗る
思慮《しりょ》深い
じれったい

人格者《じんかくしゃ》
芯《しん》が強い
辛気《しんき》くさい
仁義《じんぎ》立てる
信義《しんぎ》を守る
親近感がある
真剣《しんけん》
紳士的《しんしてき》
信《しん》じやすい
親切
心臓《しんぞう》が強い
慎重《しんちょう》
人徳《じんとく》のある
信念《しんねん》を貫《つらぬ》く
芯《しん》のある
心配性《しんぱいしょう》
審美眼《しんびがん》がある
辛抱《しんぼう》強い
進歩的《しんぽてき》
親身になる
人脈《じんみゃく》が広い
しんみりとした
信頼《しんらい》が厚《あつ》い
辛辣《しんらつ》
深慮《しんりょ》深い

す

数字に強い

ずうずうしい
すかした
すがすがしい
すかっとした
好《す》ききらいがない
好《す》ききらいがはげしい
スケールが大きい
ずけずけ物を言う
筋《すじ》を通す
すずしい顔をする
すっきりとした
すっとぼけた
すっとんきょう
ステレオタイプ
素直《すなお》
図に乗る
すねる
ずばずば言う
すぱっとした
素早《すばや》い
図太い
スポーツがよくできる
ずぼら
ずる賢《がしこ》い
するどい

せ

誠意《せいい》がある

性格《せいかく》がいい
生気がある
政治的《せいじてき》
清純《せいじゅん》
精神的《せいしんてき》
正々堂々《せいせいどうどう》
清楚《せいそ》
清貧《せいひん》
整理上手
精力的《せいりょくてき》
清廉潔白《せいれんけっぱく》
正論《せいろん》を吐《は》く
背負《せお》いこむ
責任感《せきにんかん》が強い
世間知らず
せこい
世知辛《せちがら》い
せっかち
説教《せっきょう》くさい
積極的《せっきょくてき》
説得力《せっとくりょく》がある
節約家《せつやくか》
世話がやける
せわしない
世話好《ず》き
先鋭的《せんえいてき》
先見の明がある
繊細《せんさい》

センスがいい
先入観《せんにゅうかん》にとらわれない
先輩風《せんぱいかぜ》を吹《ふ》かせる

そ

創意工夫《そういくふう》をこらす
創意的《そういてき》
そうじ上手
早熟《そうじゅく》
騒々《そうぞう》しい
創造性《そうぞうせい》に富《と》む
想像力豊《そうぞうりょくゆた》か
相対的《そうたいてき》に見る
聡明《そうめい》
そそっかしい
そっけない
率直《そっちょく》
粗暴《そぼう》
素朴《そぼく》
尊大《そんだい》
そんたくする

このシリーズに登場する人の 人物名五十音順《ごじゅうおんじゅん》さくいん

あ
- 阿萬野礼央《あまのれお》さん ↓5巻 18ページ
- 荒木哲郎《あらきてつろう》さん ↓3巻 18ページ
- 井桁容子《いげたようこ》さん ↓5巻 14ページ
- 石川祐希《いしかわゆうき》さん ↓1巻 14ページ
- 磯野謙《いそのけん》さん ↓2巻 34ページ
- 伊藤博之《いとうひろゆき》さん ↓2巻 18ページ
- 井本直歩子《いもとなおこ》さん ↓5巻 30ページ
- 井山裕太《いやまゆうた》さん ↓4巻 6ページ
- 植田育也《うえたいくや》さん ↓5巻 6ページ
- 大神雄子《おおがゆうこ》さん ↓1巻 38ページ
- 大久保有加《おおくぼゆか》さん ↓4巻 30ページ
- 大前光市《おおまえこういち》さん ↓3巻 26ページ
- 小川三夫《おがわみつお》さん ↓4巻 42ページ
- 尾上松也《おのえまつや》さん ↓4巻 22ページ

か
- 垣内俊哉《かきうちとしや》さん ↓2巻 22ページ
- 柏原竜二《かしわばらりゅうじ》さん ↓1巻 26ページ
- 片桐《かたぎり》はいりさん ↓3巻 30ページ
- 加藤祐一《かとうゆういち》さん ↓5巻 22ページ
- 上川《かみかわ》あやさん ↓2巻 26ページ
- 川上和人《かわかみかずと》さん ↓2巻 42ページ
- 木村敬一《きむらけいいち》さん ↓1巻 22ページ
- 倉橋香衣《くらはしかえ》さん ↓1巻 30ページ
- 栗山英樹《くりやまひでき》さん ↓1巻 6ページ
- 黒﨑伸子《くろさきのぶこ》さん ↓5巻 34ページ
- 小岩井《こいわい》カリナさん ↓4巻 34ページ

さ
- 里見香奈《さとみかな》さん ↓4巻 10ページ
- 志村洋子《しむらようこ》さん ↓4巻 38ページ
- 末次由紀《すえつぐゆき》さん ↓3巻 10ページ
- 妹島和世《せじまかずよ》さん ↓2巻 30ページ

た
- 髙梨沙羅《たかなしさら》さん ↓1巻 10ページ
- 高橋智隆《たかはしともたか》さん ↓2巻 10ページ
- 立川志《たてかわし》らくさん ↓4巻 26ページ
- 田中佑典《たなかゆうすけ》さん ↓1巻 18ページ
- 田村恵子《たむらけいこ》さん ↓5巻 10ページ
- 千野麻里子《ちのまりこ》さん ↓4巻 18ページ
- 塚田真希《つかだまき》さん ↓1巻 42ページ
- 津森千里《つもりちさと》さん ↓3巻 38ページ
- 徳田竜之介《とくだりゅうのすけ》さん ↓5巻 38ページ

な
- 中西和嘉《なかにしわか》さん ↓2巻 14ページ
- 根本《ねもと》かおるさん ↓5巻 26ページ

は
- 日野之彦《ひのこれひこ》さん ↓3巻 42ページ
- ヒャダインさん ↓3巻 6ページ
- 廣瀬隆喜《ひろせたかゆき》さん ↓1巻 34ページ
- 広津崇亮《ひろつたかあき》さん ↓2巻 38ページ
- ぺえさん ↓3巻 22ページ

ま
- 御園井裕子《みそのいゆうこ》さん ↓4巻 14ページ
- 三《み》ツ橋敬子《はしけいこ》さん ↓3巻 14ページ
- 南海音子《みなみみねこ》さん ↓2巻 6ページ

や
- 山口勝平《やまぐちかっぺい》さん ↓3巻 34ページ

わ
- 和田博幸《わだひろゆき》さん ↓5巻 42ページ

このシリーズに登場する人の 職業名五十音順《しょくぎょうめいごじゅうおんじゅん》さくいん

あ
- アニメーション監督《かんとく》 ↓3巻 18ページ
- 囲碁棋士《いごきし》 ↓4巻 6ページ
- ウィルチェアーラグビー選手《せんしゅ》 ↓1巻 30ページ
- 織物職人《おりものしょくにん》 ↓4巻 34ページ
- 音楽クリエイター ↓3巻 6ページ

か
- 画家 ↓3巻 42ページ
- 化学者 ↓2巻 14ページ
- 花道家《かどうか》 ↓4巻 30ページ
- 歌舞伎俳優《かぶきはいゆう》 ↓4巻 22ページ
- 看護師《かんごし》 ↓5巻 10ページ
- 機動救難士《きどうきゅうなんし》 ↓5巻 18ページ
- 経営者《けいえいしゃ》 ↓2巻 22ページ
- 建築家《けんちくか》 ↓2巻 30ページ
- 国際《こくさい》NGO《エヌジーオウ》メンバー ↓5巻 34ページ
- 国連職員《こくれんしょくいん》 ↓5巻 26ページ

さ
- 指揮者《しきしゃ》 ↓3巻 14ページ
- 自然《しぜん》エネルギー開発《かいはつ》 ↓2巻 34ページ
- 実業家 ↓2巻 18ページ
- 獣医師《じゅういし》 ↓5巻 38ページ
- 柔道家《じゅうどうか》 ↓1巻 42ページ
- 樹木医《じゅもくい》 ↓5巻 42ページ
- 小児科医師《しょうにかいし》 ↓5巻 6ページ
- 女流棋士《じょりゅうきし》 ↓4巻 10ページ
- スキージャンプ選手《せんしゅ》 ↓1巻 10ページ
- 声優《せいゆう》 ↓3巻 34ページ
- 染織家《せんしょくか》 ↓4巻 38ページ

た
- 体操選手《たいそうせんしゅ》 ↓1巻 18ページ
- タレント ↓3巻 22ページ
- ダンサー ↓3巻 26ページ
- 地方議員《ちほうぎいん》 ↓2巻 26ページ
- 鳥類学者《ちょうるいがくしゃ》 ↓2巻 42ページ
- 杜氏《とうじ》 ↓4巻 18ページ

は
- ハイパーレスキュー隊員《たいいん》 ↓5巻 22ページ
- 俳優《はいゆう》 ↓3巻 30ページ
- パラ水泳選手《せんしゅ》 ↓1巻 22ページ
- ファッションデザイナー ↓3巻 38ページ
- プロバレーボール選手《せんしゅ》 ↓1巻 14ページ
- プロ野球監督《かんとく》 ↓1巻 6ページ
- ボッチャ選手《せんしゅ》 ↓1巻 34ページ

ま
- マンガ家 ↓3巻 10ページ
- 宮大工棟梁《みやだいくとうりょう》 ↓4巻 42ページ
- 元プロバスケットボール選手《せんしゅ》 ↓1巻 38ページ
- 元保育士《ほいくし》 ↓5巻 14ページ
- 元陸上競技選手《りくじょうきょうぎせんしゅ》 ↓1巻 26ページ

や
- ユニセフ職員《しょくいん》 ↓5巻 30ページ

ら
- 落語家《らくごか》 ↓4巻 26ページ
- 理学博士《りがくはくし》 ↓2巻 38ページ
- ロケット開発者 ↓2巻 6ページ
- ロボットクリエイター ↓2巻 10ページ

わ
- 和菓子職人《わがししょくにん》 ↓4巻 14ページ

監修 田沼 茂紀（たぬま・しげき）

新潟県生まれ。上越教育大学大学院学校教育研究科修了。國學院大學人間開発学部長。専攻は道徳教育、教育カリキュラム論。川崎市公立学校教諭を経て、高知大学教育学部助教授、同学部教授、同学部附属教育実践総合センター長。2009 年より國學院大學人間開発学部初等教育学科教授。2017 年 4 月より現職。日本道徳教育学会理事、日本道徳教育方法学会理事、日本道徳教育学会神奈川支部長。

おもな単著、『心の教育と特別活動』、『道徳科で育む 21 世紀型道徳力』（いずれも北樹出版）。

その他の編著、『やってみよう！新しい道徳授業』（学研教育みらい）、『「特別の教科道徳」授業＆評価完全ガイド』（明治図書出版）、『道徳科授業のつくり方』（東洋館出版社）、『道徳科授業のネタ＆アイデア 100』小学校編・中学校編（明治図書出版）など多数。

●編集・制作　株式会社スリーシーズン
●写　真　言美歩／布川航太／目黒－MEGURO. 8 ／山上忠
●写真協力　株式会社講談社／カバネリ製作委員会／「進撃の巨人」製作委員会／東京フィルハーモニー交響楽団／ NHK ／ Being ／ 2014『小野寺の弟・小野寺の姉』製作委員会
●表紙イラスト　ヤマネアヤ
●本文イラスト　にしぼりみほこ
●執　筆　入澤宣幸／沢辺有司／高島直子／たかはしみか
●装丁・デザイン　金井 充／伏見 藍（Flamingo Studio,Inc.）
●ヘアメイク　吉田美幸（B ★ side）

個性ハッケン！
50人が語る長所・短所
3．人を楽しませる

発　行　2018 年 9 月　第 1 刷
監　修　田沼 茂紀
発行者　長谷川 均
編　集　松原 智徳
発行所　株式会社　ポプラ社
〒 160-8565　東京都新宿区大京町 22-1
電話　03-3357-2212（営業）　03-3357-2635（編集）
ホームページ　www.poplar.co.jp
印刷・製本　共同印刷株式会社

ISBN 978-4-591-15983-5　N.D.C.159　48p　27cm　Printed in Japan

全《ぜん》5巻《かん》

個性《こせい》ハッケン!

―50人《にん》が語《かた》る長所《ちょうしょ》・短所《たんしょ》―

監修 田沼茂紀

① スポーツで輝《かがや》く

プロ野球監督《やきゅうかんとく》、スキージャンプ選手《せんしゅ》、
プロバレーボール選手《せんしゅ》、体操選手《たいそうせんしゅ》 など

② 未来《みらい》をつくる

ロケット開発者《かいはつしゃ》、ロボットクリエイター、
化学者《かがくしゃ》、実業家《じつぎょうか》 など

③ 人《ひと》を楽《たの》しませる

音楽《おんがく》クリエイター、マンガ家《か》、指揮者《しきしゃ》、
アニメーション監督《かんとく》 など

④ 伝統《でんとう》に生《い》きる

囲碁棋士《いごきし》、女流棋士《じょりゅうきし》、和菓子職人《わがししょくにん》、
杜氏《とうじ》、歌舞伎俳優《かぶきはいゆう》 など

⑤ いのちを守《まも》る

小児科医師《しょうにかいし》、看護師《かんごし》、元保育士《もとほいくし》、
機動救難士《きどうきゅうなんし》 など

★小学中学年以上向け　★オールカラー
★AB判　★各48P　★N.D.C.159
★図書館用特別堅牢製本図書